KGB 绩效管理法

团队自驱增长新引擎

包善勤 / 著

中国科学技术出版社

·北京·

图书在版编目（CIP）数据

KGP 绩效管理法 : 团队自驱增长新引擎 / 包善勤著 . --
北京 : 中国科学技术出版社 , 2025.7. -- ISBN 978-7
-5236-1414-3
　Ⅰ . F272.5
中国国家版本馆 CIP 数据核字第 20254RN431 号

策划编辑	王碧玉	责任编辑	童媛媛
封面设计	东合社	版式设计	愚人码字
责任校对	焦　宁	责任印制	李晓霖

出　　版	中国科学技术出版社
发　　行	中国科学技术出版社有限公司
地　　址	北京市海淀区中关村南大街 16 号
邮　　编	100081
发行电话	010-62173865
传　　真	010-62173081
网　　址	http://www.cspbooks.com.cn

开　　本	710mm×1000mm　1/16
字　　数	167 千字
印　　张	13.25
版　　次	2025 年 7 月第 1 版
印　　次	2025 年 7 月第 1 次印刷
印　　刷	大厂回族自治县彩虹印刷有限公司
书　　号	ISBN 978-7-5236-1414-3
定　　价	69.00 元

（凡购买本社图书，如有缺页、倒页、脱页者，本社销售中心负责调换）

前 言

绩效管理是一种系统性的管理方法,它通过设定明确的目标、构建合理的绩效指标体系、采用科学评价方法,对组织或个人的工作绩效进行持续跟踪、评估和反馈,以促进组织与个人绩效的持续提升。绩效管理不应只关注结果,更需要关注过程。绩效管理旨在建立一种激励机制,使组织与员工共同追求卓越。

然而,随着时代的变迁,中小企业在人力资源管理方面面临着诸多挑战,尤其是新生代员工的需求变化给传统薪酬与绩效管理模式带来了前所未有的冲击。为了应对这些挑战,我基于十余年的咨询经验,撰写了本书。

本书旨在为中小企业提供一套现代、科学的薪酬设计与绩效管理解决方案,帮助它们构建适应新时代要求的薪酬与绩效管理体系,从而激发组织活力,推动企业实现可持续发展。

一、应对新生代员工的变革需求

随着"90后"和"00后"逐渐成为职场的主力军,企业管理者愈发感受到传统薪酬与绩效管理模式的适应性有所下降。这些身处数字时代的"新生代",对于工作拥有独到的见解与期待,他们更加看重个人价值的实现、职业成长的广阔空间以及工作的自主灵活。因此,企业需与时俱进,重新构筑薪酬体系,以更好地吸引、激励并留住这一代才华横溢的新生代员工。

二、薪酬设计与绩效考核的重要性

薪酬设计不仅是企业成本管控的关键环节，更是激发员工潜能、提升组织效能的核心杠杆。一个科学合理的薪酬体系，能够确保员工的付出得到应有回报，同时点燃其工作热情与创新火花。绩效考核如同一面镜子，可以精准映照员工的工作成效，为其职业发展指明方向。然而，传统考核模式偏重结果，忽视员工成长过程，往往会引发员工的抵触情绪。

三、KGP 绩效管理法的创新引入

本书提出的关键过程指标（Key Growth Path，KGP）绩效管理法是一种聚焦于员工成长路径的考核方法。KGP 强调过程导向，通过设定关键过程指标，引导员工聚焦工作核心环节，携手共筑个人与组织目标的双赢桥梁。它超越了结果的局限，深耕员工成长潜力，助力员工职业生涯规划与发展。

四、薪酬结构的多元化探索

在薪酬设计方面，本书倡导多元化薪酬结构，力求实现薪酬与员工绩效、晋升机会的紧密挂钩，构建"晋升与财富共赢"的激励机制。通过精心设计的薪酬结构，企业能够有效激发员工潜能，提升其满意度与忠诚度，进而推动组织整体绩效的飞跃。

五、绩效考核与过程管理的融合

本书深刻剖析了绩效考核与过程管理的内在联系，凸显了过程管理在绩效考核中的不可或缺性。通过过程管理，管理者得以即时洞察问题、提供精准反馈与指导，助力员工工作方法优化与效率提升。同时，它可使员工对工作目标与期望有更深的理解，增强其工作的自主性与责任感。

六、人才发展的全面布局

人才乃企业之基。本书提出全面评估员工胜任力的方法论，助力企业精准识别与培育关键人才。通过构建清晰的职级体系与晋升路径，企业可为员工铺设一条明确的职业发展蓝图，激发其内在潜能，促进人才的持续成长与繁荣。

七、梯队建设的提成方案优化

提成方案是激励销售与业务团队的利器，本书详述了助力梯队建设的提成方案设计精髓，强调方案需与企业战略目标紧密契合，确保公平合理，激发员工积极性与创造力。通过提成方案的优化，企业得以构建强大的销售与业务团队，驱动业务的稳健增长。

八、KGP 体系的持续优化与长效保障

KGP 体系的长效离不开企业的持续优化与迭代。本书提供了 KGP 体系落地实施流程、持续优化策略及数字化工具应用指南，助力企业实现管理系统的闭环与效率提升。通过系统成果的跟踪与成功案例的分享，企业得以不断优化 KGP 体系，确保其持续发挥效能。

结语：共绘未来蓝图

本书不仅提供了理论框架，更配备了丰富的实战案例与实用工具，旨在助力企业管理者掌握 KGP 绩效管理法与多元化薪酬设计的精

髓，更好地适应新生代员工的需求，激发团队潜能，提升组织绩效。

在商业环境日新月异的今天，企业管理者仍需不断学习新知，拥抱变革。希望本书有幸成为薪酬设计与绩效管理领域的"引路人"，携手构建适应新时代要求的管理体系，共创美好未来。

目录

第一章　中小企业为什么管理难？　001

泛滥的"积极性危机"　003
考核目标带来的博弈　007
空缺的职级体系与梯队建设　012
难以留住的主力军——新生代　014
看不见、摸不着的激励　018
根本的问题，是分钱的问题　021

第二章　薪酬分配好，管理难不了　025

"底薪+绩效"的模式，还能用吗？　027
薪资保密还是红线吗？　032
"评估"本身也是成本　034
多元薪酬的组合设计　038

第三章　绩效考核与过程管理　047

重新思考绩效管理制度　049
碎片化员工培训，是吃掉效率的隐形障碍　053
量化是一切的前提　057

过程？还是结果？ 063

实现目标是有路径的，要远离成长"黑箱" 071

目标很重要，但"现在如何做"更重要 076

实现管理系统的闭环 083

第四章　KGP 绩效的导入 087

从客观评价开始 089

筛选关键过程 091

搭建关键成长路径 097

设置检查点 102

引导员工成长 104

KPI 与 KGP 108

KGP 是动态变化的 117

第五章　人才发展设计 121

如何全面评估员工的胜任程度？ 123

人才梯队的搭建 136

让晋升的下一步清晰可见 139

职级体系构建案例 147

第六章　助力梯队建设的提成方案 157

提成维度并不单一 160

提成点如何设置？	165
提成方案设计的要点	168
案例：助力梯队建设的提成方案	171

第七章　让 KGP 体系长期有效　175

KGP 体系的落地流程	177
持续优化	182
选用数字化工具	187
善用吏部人，助力管理者高效赋能团队成长	195
追踪系统成果，分享成功故事	199

第一章

中小企业为什么管理难?

泛滥的"积极性危机"

我曾与一位部门经理交流,他忧虑地说道:"小王去年工作十分努力,但今年却出现明显的态度转变,从充满活力变得消极怠工。他的工作量大幅减少,给他工资照发,他却对公司多有不满。这背后的原因是什么呢?"

我回应道:"这或许是因为他陷入了'积极性缺失'的困境。"

"这具体是指什么?"他追问道。

谈及职场中的"老人",人们的印象可能复杂多样。一方面,他们指的是那些在职场多年,经验丰富,乐于助人,能够引导新同事融入环境、熟悉工作的老员工,这是正面的"老人";另一方面,也可能指的是那些入职数年,自认为资历深厚,喜欢指挥新同事、利用制度漏洞逃避工作、对新流程和方法有抵触态度的员工,这是负面的"老人"。

特斯拉总裁埃隆·马斯克(Elon Musk)曾明确表示:"我可以接受努力但成果有限的员工,但我无法容忍那些故意低效且不愿改正的人。"这里所指的,正是负面的"老人"。

值得注意的是,职场中的"老人"并非仅与年龄相关,更多的是一种心态的体现。尽管他们的具体表现各异,但共同的特点包括:尽可能减少工作时间,逃避额外任务,拖延必须完成的工作,仅以最低标准履行职责,追求"无过便是功"的心态。

近年来,"'00后'整顿职场"的段子频出,其中不乏真正维护权益的案例，但也有人借此机会，利用对公司规章制度的了解，以"整顿"之名行"摆烂"之实，为自己的消极态度寻找借口。这不仅让中小企业管理者感到棘手，也揭示了当前职场的一个普遍问题：年轻员工为何难以激励？

在职场中，消极的"老人"不仅自己效率低下，还会对团队氛围造成负面影响，引发"积极性缺失"现象。他们看似八面玲珑，与同事领导相处融洽，但实际上在工作上偷奸耍滑。这种工作态度不仅会打击认真工作的员工的积极性，也会给新人传递错误的价值导向。

一个团队中，一旦有这种消极的"老人"存在，就像在清水中滴入墨水，不良影响会逐渐扩散，严重时，可能导致整个团队年轻员工的工作积极性普遍下降。单纯辞退这类员工只是治标不治本，会让情况更加恶化。因此，我们需要深入探究问题的根源。

例如，员工可能对公司存在诸多不满，认为上司不公、晋升机制不合理、薪资增长无望等。这些问题反映了公司管理的不足。尽管不满，他们仍每天打卡上班，但已失去工作的热情，逐渐成为旁观者而非参与者。他们既不选择离职，也不愿主动改变，最终仿佛被公司"困住"，连寻求改变的欲望都消失。这便是"积极性缺失"的表现。

对于公司而言，这些消极怠工的员工无疑会增加人力成本、影响业务和管理效率。因此，当"积极性缺失"现象泛滥时，我们必须正视并着力解决这一问题。

为什么工作积极性那么重要？

"工作积极性"这一概念，在国际上更多被称作"员工敬业度"，工作积极性只是更加本土化的说法。员工敬业度反映了员工对工作和工作场所的投入和热情程度。当员工的基本需求得以满足，拥有施展才华的舞台、归属感以及学习与成长的机会时，他们便会展现出高度的敬业精神。

员工敬业度的重要性主要体现在三个方面。

第一，员工敬业度是一种竞争优势。

众多国内外企业高管均将提升员工敬业度视为核心战略之一。敬业度不仅直接影响员工的留存率、生产力和忠诚度，还是客户满意度、公司声誉及整体利益相关者价值的关键要素。因此，越来越多的组织开始依赖人力资源部门来推动员工敬业度和承诺的议程，旨在构建独特的竞争优势。

此外，员工的参与度与生产力还受到团队凝聚力、上级支持、信息共享、共同目标、愿景、沟通与信任等多重因素的影响。员工渴望被重视与尊重，希望自己的工作充满意义且意见能被倾听。高度敬业的员工不仅生产力更高，还会全身心投入所在组织中。

以胖东来为例。许昌市胖东来商贸集团有限公司（以下简称胖东来）通过实行员工持股95%以上的策略，以及高工资与高福利制度，成功地将员工的个人利益与企业的长远发展紧密绑定。胖东来还注重员工的参与感和归属感，通过实施工人全过程参与的民主管理实践，让员工参与企业管理和决策过程。这种积极的工作体验让胖东来的员工更加热爱自己的工作，从而更加努力地追求卓越。

根据2023年盖洛普（Gallup）[①]全球职场环境研究报告，全球范围内仅有少数员工处于高度敬业状态，而大部分员工则处于从业或怠业状态。对于管理者而言，怠业员工可能带来的风险显而易见，但如何

[①] 盖洛普公司由美国著名的社会科学家乔治·盖洛普博士于20世纪30年代创立，是全球知名的民意测验和商业调查/咨询公司。

激发从业员工所隐藏的潜力同样不容忽视。这些员工虽然仍在岗位上，但心理上已与工作脱节，缺乏投入与激情。因此，企业需要将提升从业员工的敬业度作为重要任务，通过优化薪酬福利、营造积极文化、提升员工幸福感等措施，激发他们的积极性。

第二，工作体验影响着员工的潜力。

日本著名企业家稻盛和夫在《调动员工积极性的七个关键》一书中说过："如果只是下达指示，那么员工产生不了任何工作热情。所以，我总是不厌其烦地告诉他们'混合粉末'这一行为蕴含了多么重要的意义。当他们发现了自己的工作中所包含的意义，他们就会热情高涨，最大限度地发挥出自身的潜力。"国内某科技公司曾通过组织员工参与公益活动，让他们亲身感受到自己的工作对社会产生的积极影响。这一举措既提升了员工的归属感与责任感，也有助于激发他们的积极性。

员工意识到自己的工作意义时，就会热爱自己的工作，从而努力工作、精益求精；员工憎恶自己的工作时，常常会敷衍了事、浑浑噩噩，只求不被开除就好，同时不想做任何付出，就每天盼着工作情况能够自己好转。但是，每一个经历过职场的人都知道，工作情况是不会自己好转的，就像生病，你不好好休息、不好好看病吃药，病情只会愈来愈严重。

积极的工作体验所带来的力量是不容小觑的，只有通过打造积极的工作体验，员工的潜能才能被充分释放。

有一家叫作"量子工厂"（Quantum Workplace）的员工反馈软件公司，它是北美"50个最佳职场"项目背后的技术支持力量。这家公司的员工最常说的话就是"我喜欢在这工作""公司就像一个大家庭一样"。从这些话中，我们可以感受到员工对待工作的热情与活力，而这种情绪是会传染的。

我相信在大部分人的职业生涯里，都或多或少经历过令人身心俱疲的职场环境。那么，为什么一个由员工造就的企业会让员工如此身心俱疲呢？我对此十分费解。产生这个问题的关键，就是许多企业管理者对员工工作的认知和员工真实的工作体验之间存在巨大的差异。

第三，美好的日常生活离不开工作积极性。

生活跟工作是无法完全分离的，它们之间虽有分界线，但在生活中，工作中的不顺心仍然可能影响到我们的人际关系。有的人常常在结束一天的工作之后，回家就向另一半抱怨不休、大吐苦水，甚至对自己的伴侣和孩子的态度也变得越来越不耐烦。这样下去，不顺心的工作可能会严重影响到家庭关系。

有的人结束了一天的劳累工作回到家里，会总结这一天的工作："今天一天的努力工作，让我离自己想要的未来又近了一步！真不错！"这样积极解释自己一天工作的意义，而非抱怨工作，能使人产生积极的情绪体验，也能让人专注地投身于事业，更能获得一种成就感，自然而然地距离幸福就会越来越近，生活也会越来越美好。

所以，工作积极性是否要被"提上日程"，已经是显而易见的了。

考核目标带来的博弈

为什么考核目标带来的是"博弈"而非"共识"？

我们先来了解一下"博弈论"的概念。

博弈论是研究决策主体行为在直接相互作用时，如何进行决策以及这种决策如何达到均衡的科学理论。它既是现代数学的一个新分支,也是运筹学的一个重要学科。这一理论由著名数学家约翰·纳什(John Nash)提出。约翰·纳什因其在博弈论等领域的开创性贡献,于1994年获得诺贝尔经济学奖。美国电影《美丽心灵》的主人公(*A Beautiful Mind*)便是以他为原型的。

绩效考核博弈是博弈论在绩效考核中的具体应用,其博弈双方是考核负责人(以下称为主管)和员工,博弈对象是员工的工作绩效,博弈方收益是考核结果。员工和主管都是这场博弈的参与者,每位参与者可以采取以下合作或者不合作的策略,两者之间通过博弈来逐渐找到志同道合的合作方式,如图1-1所示。

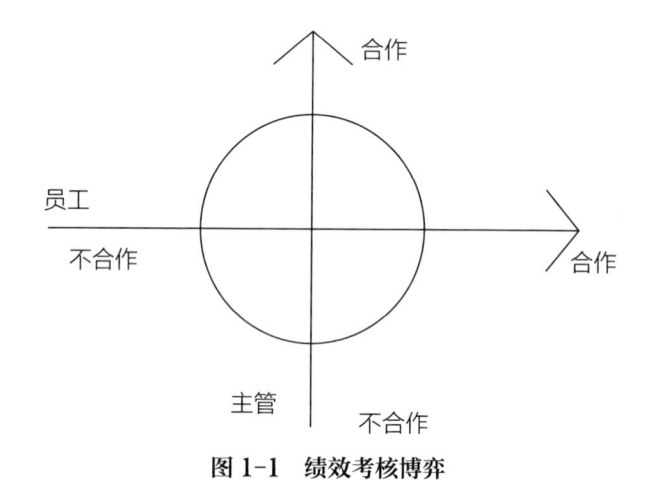

图1-1 绩效考核博弈

- 员工合作策略:愿意根据实际工作绩效做出客观总结。
- 员工不合作策略:有意识地掩盖自己的错误或者抬高自己的绩效。
- 主管合作策略:根据员工的实际工作绩效做出客观的评估。
- 主管不合作策略:随意做出考核结果,更多地表现为采取宽容下属的决策。

假设一：员工与主管均采取不合作的策略。

员工无法客观评估自己的业绩，主管也无法合理地对员工的行为做判断。例如，亚马逊公司美国站运营专员在客户活跃的时段未能及时调整广告位置，主管虽已提醒，但员工仍未采取行动。主管因惧怕给出负面评价而采取"好人主义"，最终导致广告效果不佳，影响利润。

假设二：双方采取的是员工合作、主管不合作的策略。

员工回家之后，通过远程操作把广告调整好再去休息，通过一段时间的积累，广告数据越来越好，员工内心充满成就感；但主管没有对员工的工作进行合理评价，绩效管理粗糙，员工没有得到任何反馈。时间一长，员工渐渐就没那么用心了……

假设三：双方采取的是员工不合作、主管合作的策略。

员工认为晚上调广告太烦琐太累，经常疏忽不管，主管每晚巡店，一旦发现不对就提醒员工，并且对员工的表现给予客观的绩效考核分数，影响了员工的收入；经过几番博弈，员工发现只有好好调广告，把毛利润做出来才能拿到好的绩效考核分数和提成。渐渐地，员工由不合作转为合作。

假设四：员工和主管均采取合作的策略。

员工和主管均采取合作策略，这种是双方均期望的理想状态，但需要通过长期磨合与沟通才能实现。

从上述分析中可以看出，主管的态度与策略对博弈结果具有重要影响。在企业中，目标博弈现象普遍存在。一些管理者在面对经营压力时，倾向于通过降低目标来减轻压力。然而，这种做法并未真正解决问题，反而可能给企业造成更大的负担。

目标博弈与抵触心理

在企业运营中，目标博弈现象屡见不鲜。一些管理者在面对经营挑战时，为了缓解部门或个人的压力，往往会以种种理由和困难为借口，向管理层提出降低经营目标的要求。然而，这种做法治标不治本，企业的整体负担、员工的成长诉求以及外部的竞争压力并未因此减轻。这种目标博弈，就像鸵鸟把头埋在沙子里一样，对企业经营有害无益。

在传统的绩效考核体系中，员工的基本诉求常常成为考核目标博弈的牺牲品。薪酬管理作为企业管理中的敏感话题和人力资源管理的核心内容，一直备受关注。为降低成本并激励员工，大多数企业都会将薪酬与绩效挂钩，设置各种考核目标。

尽管员工的薪酬收入看似普遍提高，但离职率却居高不下。这背后的一个重要原因是考核目标带来的博弈问题。许多企业采用关键绩效指标（Key Performance Indicator，KPI）这一传统考核方式，但在这种考核体制下，目标博弈几乎难以避免，因为人性使然，员工往往会倾向于设定较低的目标以确保自身收益。

从本质上看，博弈是一个关于人性的问题，目标博弈本就是因为利益不一致导致的。一旦产生博弈，员工就会与公司站在对立面，产生抵触绩效考核的消极心理，从而降低工作积极性。那么，员工为何会抵触公司的绩效考核？想解答这个问题，就需要深入理解员工对传统绩效考核的抵触心理来源。

首先，从心理层面上来讲，根据"前景理论"[①]，大多数人都有

---

① 前景理论也叫展望理论（prospect theory），认为人们通常不是从财富的角度考虑问题，而是从输赢的角度来考虑收益和损失。

"损失厌恶"心理[①]，在制定目标并进行考核的过程中，这种心理过程实际上被加剧。例如，在面对一个输赢概率相等的游戏时，虽然从整体来看游戏是绝对公平的，但大多数人因为害怕损失而选择不玩。这是因为人们对"失"比对"得"更加敏感，想到可能遭到的损失，马上就会觉得不舒服，这种不舒服的程度远远超过可能得到收益的快乐。同样地，在绩效考核中，员工也会因为害怕达不到目标而受到惩罚或失去奖励，从而产生抵触心理。他们往往更倾向于选择保守的目标，以确保自己的收益不会受到太大影响。

其次，绩效考核目标缺乏说服力也是导致员工抵触的一个重要原因。许多企业不能系统地看待绩效管理，只是简单地提供绩效考核表进行填写和评估。这种缺乏系统性和说服力的绩效体系很难得到员工的支持和认可。绩效管理的过程也相对简单，缺乏过程的沟通和辅导，只是在必要的时候才组织一些填表和考核的工作。

最后，传统的考核目标大多侧重结果而忽视过程，这种评价方式可能会让员工感到自己的努力没有得到应有的认可，从而产生心理上的不平衡。部分企业在实施绩效考核时还缺乏明确的评价流程和标准，导致考核流于形式、缺乏公正性。

综上所述，员工对绩效考核的抵触情绪是多因素共同作用的结果。管理者应从多元化视角审视绩效考核对员工、企业以及社会产生的影响，要设计合理的考核目标，建立科学的考核体系，制定具有竞争力的薪酬策略和满足员工需求的福利政策等，以减少目标博弈现象

[①] "损失厌恶"心理（loss aversion），指人们面对同样数量的收益和损失时，认为损失更加令他们难以忍受。同量的损失带来的负效用为同量收益的正效用的 2.5 倍。损失厌恶反映出人们对损失和获得的敏感程度的不对称，面对损失的痛苦感要大大超过面对获得的快乐感。

的发生。只有解决这些问题，企业才能解决目标的博弈问题。

空缺的职级体系与梯队建设

我们想给什么样的人付高薪？是能给企业带来更大价值的人。相信大家都知道，回报的高低应和创造的价值高低成正比。因此，我们需要职级体系来衡量这些价值。

职级体系的建立，其核心目的并非单纯为区别工资，而是旨在激励员工不断提升专业技能，从而为价值分配与人才管理奠定坚实基础。这一体系在人才的选拔、任用、培育及保留等方面均发挥着至关重要的作用。

"选"即人员招聘、选拔。以职位分类为基础，在人才招聘、内部选拔时，企业可以比照任职资格要求精确化用人要求、识别人才，以达到人与岗位、薪酬的匹配，实现以岗定级、以级定薪。

"用"即人才任用。以职位分类体系为基础，企业可以将职位细分化，针对不同类别人员设定不同的薪酬战略、模式、结构及绩效考核方式，有针对性地发挥人才价值。清晰的任职资格要求使人员的任用和调整有据可依。

"育"即人才培育。职级体系提供清晰的职业发展路径和努力方向，使员工明确晋升标准和能力提升方向。

"留"即人才保留。纵横结合的职业发展通道为员工提供多向发展的可能，而与之对应的薪酬体系，则可增强薪酬体系的内外部公平性和竞争力，可有效留住优秀人才，防止人才流失。

职级体系并非孤立存在的，它与薪酬管理、绩效考核紧密相连，共同构成企业人才管理的核心框架。缺乏职级体系，中小企业的人才梯队建设和人才发展设计将如同空中楼阁，难以落地实施。

如果说职级体系是人才管理的基石，那么人才梯队建设则是避免人才断层的关键。未来的企业竞争力将主要围绕商业模式创新和人才梯队建设两大核心展开。人才梯队建设能够加快人才培养步伐，确保在人才变动时及时为组织补充高质量的核心人才，从而解决关键人才稀缺、人才断层、人才心态消极等问题。

1. 产生关键人才

经济学家舍温·罗森（Sherwin Rosen）说过："如果小部分人占据相关领域很大比例的产出，就可以被定义为'明星员工'。"要保障企业内部能够产生关键人才，必不可少的就是充分运作人才梯队，加速"明星员工"的培养计划。

2. 确保人才无断层

一个有规划的人才梯队项目可以在组织因业务变动、人员变动而出现空缺时，确保有合适的候选人来接替需求，使业务不受影响。经过有效选拔和培养的接班人，甚至可以胜过前任人才，为企业成长提供充足的后劲。

3. 营造积极的人才文化

在推进人才梯队建设的过程中，管理者需致力于营造一种积极向上的组织人才文化。当组织拥有充足的储备人才，且每位员工都享有清晰的职业发展路径时，这样的环境将更具吸引力，能够持续引入更多优秀人才，从而构建起一个良性循环的人才供应链。

职级体系和梯队建设是人才管理的重要一环。有了它们，员工的职业发展规划才能更加清晰，但是，职级体系的实施和人才梯队的建设并不简单，耗费的时间长、成本高，一般都需要外部专业顾问的参

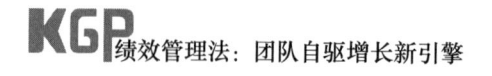

与，尤其是具有本行业技术业务经营的顾问参与。企业在应用职级体系时，需要和完备的岗位设计、绩效考核和薪酬制度对接，任何一个环节的缺失或弱化都可能使该体系难以落地。

难以留住的主力军——新生代

"21世纪什么最贵？"

"人才啊。"

电影《天下无贼》中这两句经典台词表达了当今社会对人才的渴望与需求。然而，在现实的企业经营中，经营管理者却往往会出现这样的困惑：为什么企业招进来了年轻人，却总是留不住？为什么企业花重金进行培训，员工却怨声载道？

对于中小企业来讲，人才留用问题一直是这类企业的痛点和难点。时代变了，人也变了。"90后""00后"，即"新生代员工"成为职场主流，使"人"对组织的影响发生了巨大的变化。那么，"新生代员工"到底哪里不一样呢？为什么难以留住呢？

数字化时代下，管理模式的更替

在如今的数字化时代背景下，"新生代员工"是"数字原住民"。当个体与数字化技术结合时，"个体价值崛起"成为一种普遍现象；数字化技术从两个方面赋能个体，使个体成为"强个体"。

数字化技术提供了众多低成本的，甚至是免费的数字工具，这些工具能帮助个体更易获得广泛信息，打破信息壁垒。在信息对称的条件下，个体拥有了与外界平等对话的可能性，也获得了更多的资源和机会。

个体利用数字技术，可以重构和创造以往个体根本无法实现的价值。也就是说，他们不再是完全被动的存在，他们在媒体接触、就业选择等方面有了足够的自主性和能动性。

这一系列变化进一步引发了另一个重要现象，即个体自我意识与独立意识的显著增强。当代个体更加注重追求自主性和自我体验感。这种变化促使管理模式、组织模式及业务模式均发生深刻转变，意味着企业需要探索一种全新的管理模式，不能再简单沿用传统模式。

传统管理模式多源于20年或30年前，包括绩效管理模式在内，均带有鲜明的时代烙印。早期的模式以管控为主，这种管控模式既可满足工业大生产的需要，又因其非人格化、制度化的特征而展现出极强的稳定性和可靠性。这两点对于实现组织目标具有强大的支撑作用，是工业时代以来管控模式成为主流的根本原因。

在组织中，权力被制度化和固化，管理者可以通过组织系统的稳定性来维护自己的权威性。更重要的是，他们掌握决策信息并决定组织信息的流动方向，利用信息不对称来维护自己的权威。

然而，在数字化时代，技术对"人"的影响深刻改变了管理者保持绝对权威的可能性。组织成员，特别是新生代员工作为"强个体"，更期望管理者成为他们的伙伴而非领导者，他们渴望平等对话而非命令式控制。这是管理者必须正视的现实。强个体的独立性重塑了个体与组织的关系，使个体拥有更多选择，多样性的聘用关系也成为越来越多组织的选项。

职场背景已发生翻天覆地的变化，职场需求也随之更新。新生代员工更加关注自我价值、成就感和自我实现，追求自主性和自我体验感。平等对话的机遇使他们能够明确地实现升职，不再依赖关系或主观感受；强大的数字工具使他们能够轻松学习，通过扎实的方法论提升自我，并在提升过程中获得乐趣和满足感，从而更加投入；对于薪酬，新生代员工更倾向于明确清晰的加薪机制，而非依赖评判。我简要总结了新生代员工的职场需求，如表1-1所示。

表1-1 新生代员工的职场需求

需求	内容解释
客观判断	倾向于避免主观性的指责评价，更偏好以数据为基准的客观判断
关注自我	更加关注个人价值的体现，期望收入与个人贡献相匹配，并追求成就感
信任与激励	期望丰富的激励机制，并需要得到充分的信任与支持
足够的空间	强调在工作中的参与感，通过提升参与度来进一步提升个人的价值感

事实上，今天的组织管理并没有匹配新生代的需求，很多企业依然选择"管控式"模式，因为权威性让很多管理者感觉良好，有种掌握"生杀大权"的满足感，并认为自己对组织的价值贡献不可替代。随着时间的推移，该模式的弊端也逐渐凸显——个人无法参与组织目标实现的过程。因此，所谓的"难以留住的主力军"问题，实则可能是现行管理模式无形中将他们踢出局了。

无法给足的情绪价值

近年来，"情绪价值"这一概念逐渐进入公众视野，并日益成为众多年轻职场人士关注的热点。在职场环境中，情绪价值主要体现为员工在工作中所体验到的幸福感、满意度以及其他多种积极情绪的总和。尤其对于新生代员工而言，面对当前快节奏、高压力的职场环境，情绪价值的重要性愈发凸显，甚至逐渐转化为一种关键的"生产力"。

我们先来看一组数据。领英发布的《2021未来人才趋势报告》调研数据显示，高达64%的"95后"员工认为，工作中的个人价值感比对组织的贡献更为重要。这一数据无疑揭示出当前职场生态的一个重要变化：企业的用人成本在不断攀升，人才的价值愈发昂贵，同时，职场中的"新生代"的自我意识愈发强烈，他们更加注重个人感受与价值的实现。

在这种背景下，内部的协作沟通变得愈发重要，而传统的权威式管理方式对于这群"新人类"来说，其效果愈发有限。很多时候，一个员工的离职并非因为他不再热爱这份工作，而是因为他失去沟通的欲望。他们内心积攒太多想说却说不出、说也会被忽视或驳回的话。这些新生代职场人士渴望被理解、被接纳，希望自己的价值得到认可，而不仅仅是作为一台机器或工具被使用。

被理解是每个人内心深处的最大渴望。一句"你懂我"能够迅速拉近两个陌生人之间的距离，让人感受到彼此之间的共鸣与连接。被接纳则是一个直面自我、建立心理归属的过程。因此，"工作中的个人价值感比工作中对组织的贡献更重要"这一观点的背后，所透露的正是新生代员工对于自我感受与价值的重视。他们不再满足于仅仅接到指令式的工作任务，而是更渴望了解工作的意义和价值，更希望在工作中实现自己的价值追求。

在这个时代，情绪价值已经成为衡量职场幸福感和满意度的重要指标之一，也是吸引和留住人才的关键因素之一。作为新时代的管理者，面对新生代员工时，要对他们的情绪状态和需求给予足够的关注。当管理者能够设身处地地为员工着想，理解他们的感受与需求，认同并尊重年轻人的规则时，很多事情就会变得异常简单。

看不见、摸不着的激励

上一节在"难以留住的主力军——新生代"的阐述中,我们分析了数字化、管理模式与人的关系,其中强调了"新生代员工"的需求。企业留不住人才的原因之一是管理机制跟新生代的需求发生了冲突,导致人的效能无法被激发。也就是说,如果企业要满足员工需求,激励员工潜能,那么拿出的东西就要"看得见摸得着"。否则,员工很难发挥他们的潜能,这是企业效能或者说"人效"上不去的一个重要原因。

激励这个事情,真的很神奇。传统上,我们习惯于通过设定标准、规则来引导员工不断努力,以期达到我们的预期。然而,真正的激励并不仅仅是眼前的"甜头",而是为员工提供可以预见且触手可及的"未来"。换句话说,激励应当超越短期利益,为员工设定真实、可见且可触摸的目标。

为更直观地理解这一点,我们可以借助小 A 从传统绘画转向数字绘画的案例进行类比。

今年,小 A 从传统的绘画学习"跳转"到数字绘画学习当中。

有朋友问她:"你已经考到速写最高级别了,也获得过很多的奖项,突然间转换赛道,那之前的努力不就白费了吗?"对于这个事情,小 A 经过了深思熟虑。

刚接触数字绘画的前几节课时,她非常惊讶于一部 iPad 平板电脑、一支电容笔,竟然可以创作出这么多的经典角色。这到底是如何做到的?一张画,如何变成计算机图形(CG)?又如何变成各式各样的产品呢?

在那一刻，小A觉得自己有了目标。她问自己："你创作出来的作品，可以'变'成什么？你从中又能'获得'什么？"

于是，在创作的过程中，经过不断学习，她发现，数字绘画作品可以通过建模，打造出很多的周边产品，也可以进行商业插画投稿……

就这样，小A发现了"商机"，发现了"无限可能"，同时也构建了新的思维模式。

小A通过努力获得了属于自己的奖励。那段时间，小A觉得自己的思维模式好像升级了，眼界更开阔了，也更愿意主动去发现和创造了。

因为，实实在在可以看见的目标，给到了她行动的内在驱动力和激励。

小A在接触到数字绘画后，被其无限的创作可能性和商业化前景所吸引，从而找到了新的目标和动力。她通过不断学习和实践，逐渐发现数字绘画作品的多种应用途径，如建模制作周边产品、商业插画投稿等。这些实实在在的"商机"和"无限可能"激发了她的创作热情，使她的思维模式得到了升级，眼界更加开阔，更愿意主动去发现和创造。

在企业管理中，激励同样至关重要。激励的本质是激发和鼓励，通过影响员工的内在需求和动机，改变和强化员工的行为，从而调动其积极性。员工的素质和活力是企业发展的根本动力，拥有一支充满活力、执行力强的员工队伍是企业成功的关键。因此，企业必须具备激励意识，通过有效的激励手段来激发员工的内在驱动力。

然而，要实现有效的激励，企业必须将"梦想"转化为"实际行动"。当前，许多新生代员工对"画大饼"式的激励持怀疑态度，他们更看重的是实际的价值和回报。因此，企业在设计激励制度时，必须确保员工能够真实、及时地获得激励兑现。只有当员工看到并感受到自己的努力能够得到实实在在的回报时，他们的内在驱动力才能真正被激发。

以绘画作品为例，作品能够变现并获得许多人的赞美和认可，这就是一种正向的激励反馈，会不断强化创作者的行为。同样地，在企业管理中，当员工真正"做到""实现"目标时，企业也应该及时给予奖励和认可。这种正向的激励反馈会形成良性循环，促使员工更加积极地投入工作。

提成制是一种常见的激励制度，通过员工的"多劳多得"来实现企业的"多劳多得"。然而，许多中小企业在设计提成制度时往往存在不合理之处，如目标过高或过低、激励不足等。这些问题会导致员工对激励制度的不满情绪日益增加，进而造成管理困难和企业运作停滞。因此，企业在设计提成制度时，必须充分考虑员工的实际需求和能力水平，确保目标既具有挑战性又有可实现性，同时提供足够的激励力度以激发员工的积极性。

我们要明白的是，员工都是有特定"需求"的个人，他们基于特定需求、动机来完成自己的工作，从而使自己的特定需求得到"满足"。每个人的需求各不相同，企业的管理者想要将公司管理得井井有条，并不是一件容易的事情。掌握一定的激励手段，才是每一个管理者都必须具备的能力。

根本的问题，是分钱的问题

我国有句谚语："人为财死，鸟为食亡。"这句话虽然极端，但揭示了金钱对于人类行为的驱动作用。在企业的运营中，金钱不仅是价值运动的体现，更是推动企业发展的重要力量。然而，金钱并不能无序流动，而是需要通过合理的分配机制来实现其价值，确保企业的稳定和持续发展。因此，企业管理者必须深刻理解金钱分配的本质，以智慧的分钱之道引领企业走向长远目标。

企业对生产收益的分配，主要聚焦于股东回报和员工薪酬两大方面。股东为企业提供资本支持，而员工则是企业日常运作和发展的核心动力。任正非曾经说过："企业管理最难的工作是如何分钱。"这句话道出分钱问题在企业管理中的核心地位。管理者若能巧妙运用分配机制，解决分钱这一根本问题，无疑将展现出卓越的管理智慧。

对于员工而言，薪酬是他们最为关心的话题之一。薪酬不仅关乎物质利益，更关乎员工的价值感和归属感。因此，企业在设计薪酬结构时，需要充分考虑员工的多元化需求，确保薪酬体系既能激发员工的积极性，又能体现公平和公正。

分钱的本质及节点

分钱的底层逻辑在于，让员工知道每一份收入是如何得来的。换句话说，就是企业要"名正言顺"地进行利益的分配。

我们都知道，利益总是有限的。职场上，在可分配的利益有限的情况下，员工往往对"均分"是不满意的。相比之下，员工更倾向多能多得，更在意"靠能力博得"，这是他们对于均分利益的态度。基于这种态度，为员工设立丰富的增收方式，是一种双赢的管理方法。

比如，企业可以运用非利益成果型的激励方式，让员工对所分的钱"心满意足"。

简单来说，为了鼓励员工工作成果优秀、工作动机正面、工作过程扎实等，企业可以花心思去设计对应的情形条件，让满足条件的员工获得一定金额的奖金。

同时，分钱的节点非常关键，企业需要在合适的时机进行薪酬分配，以确保员工在付出努力后能够及时获得回报。例如，在项目完成后或年度考核后，企业可以根据员工的绩效和贡献进行薪酬调整或奖金发放。这样既能减轻企业的负担，又能满足员工的期望，实现双赢。

然而，分钱并非易事。企业在分钱过程中需要避免薪酬与员工的实际贡献不匹配的现象，这会导致企业内部矛盾激化，影响员工的积极性和团队的凝聚力。因此，企业需要建立科学的薪酬评估体系，确保薪酬与员工的实际贡献相匹配。

分钱的准备工作

在中小企业中，员工薪酬支出占企业总体运营成本的比例在不断增加。随着社会的发展、国家保障体系的健全，以及通货膨胀等因素，劳动力支出成本在不断增加。如何控制人工成本的增长、如何将人工成本的增长转化为企业效益的增长，是很多企业、管理、人力资源从业者必须面对和解决的问题。

除此之外，薪酬的专业性也决定了薪酬管理的必要性，大到如何选择适应时代发展、企业发展的薪酬战略，如何设计科学的薪酬结构，小到如何调整员工的薪酬额度、如何与新员工面谈薪酬等，无不体现出很强的专业性。

我们在开始薪酬管理工作之前，先要明确薪酬管理的目标和意义。

第一，专业薪酬管理可以保证薪酬的内外部公平性。例如，某岗位在某段时间紧缺，为了短时间快速吸引到人才，企业高薪聘用了一批员工。这些员工比同岗位老员工的薪酬高出很多。这样一来，同工不同酬的情况就出现了，这种情况就为后续的管理埋下了隐患。

由于薪酬具有刚性的特点，轻易对高薪的人降薪是不太可能的，因此企业内部的公平性就会被破坏。员工们相互比较、抱怨。虽然绝大多数公司都会强调薪酬保密，但实际上不可能杜绝员工私底下谈论薪酬信息。由此产生的不公平感会挫伤部分员工的积极性，影响员工之间、上下级的工作关系。久而久之，组织效率低下，人才便会流失。这样一来，即使企业是朝阳行业，也会被种种内部问题拖住后腿，错失大好的市场机会。

第二，良好的薪酬管理可以更有效地吸引员工、保留员工、激励员工。当员工希望高底薪、有更多保障，但公司希望低底薪、将更多的浮动薪酬变成与价值创造相关的绩效考核时，会导致公司招人时与竞争对手有差异，招不到优秀的人。

员工的期望跟企业的期望永远存在差距，如果公司将固定薪酬定得太少、绩效工资定得太高，公司的薪酬竞争力就不够，就吸引不了人才。那么这时公司就需要在薪酬设计上下功夫，将固定薪酬和浮动薪酬的比例设置得更科学些。

如果我们想要留住有产出，愿意付出、愿意奉献的员工，就一定要在分钱的机制中体现出来。几乎每个企业都经历过分钱的难题。分钱的目的是提高员工对待工作的期待感，所以，企业要把握核心，在钱到位的基础上再谈其他。

一个好的老板，一定要学会怎么分钱，这样，他才能吸引和留住优秀人才。

第二章

薪酬分配好，管理难不了

"底薪+绩效"的模式，还能用吗？

很多中小企业长期以来一直沿用"底薪+绩效"的薪酬模式。这种模式在过去既简洁又高效，既能保障员工的基本生活需求，又能激发员工的工作积极性，提升工作效率，同时也可确保员工对自身工作目标的清晰认知，使企业能够更有效地评估员工表现。但值得注意的是，这里的绩效是指从员工薪资中拆分出来的部分，而非额外的奖金。这种做法会产生哪些影响呢？

在之前的章节中，我们提及人们的"损失厌恶"心理。如果将绩效仅视为奖金，那么员工对其的关注度可能远不及"底薪+绩效"模式。当绩效与员工应得收入挂钩时，为避免损失，员工会更加重视绩效，这有助于绩效体系在企业内部的顺利推行。事实上，一些企业在实施绩效时遭遇困难，部分原因可能就在于绩效仅被视为激励奖金。

然而，"底薪+绩效"模式并非万能的。在传统观念中，管理者往往将绩效视为"约束"员工的工具，而在员工看来，绩效则更多地与扣款相关联，双方对绩效的认知存在差异。许多中小企业盲目套用"底薪+绩效"模式，没有从公司战略和员工成长的角度出发，仅仅追求能够产生结果的绩效，这种做法无异于"玩火自焚"。

当然，也有一些公司积极地进行调整，使薪酬模式更加符合公司的实际情况。

有一家中小型企业，该公司的薪酬模式一直采用"底薪+绩效"的模式，其中绩效占比50%。然而，该薪酬模式在行业中的竞争力越来越低，很多行业里优秀的人才认为底薪太低，而绩效占比大，导致公司的招聘一直不太顺利，因此该公司决定调整两者之间的比例构成，以平衡招聘与管理。

案例中调整的是比例构成，而非更换薪酬模式。这恰恰说明"底薪+绩效"的薪酬模式并非要一成不变，而是可以根据实际情况进行灵活调整的。

在需要调整比例的情况下，企业可以根据自身的经营模式、业务模式和岗位类型，灵活调整固定薪酬和浮动薪酬在总工资中的比例。根据比例的不同，薪酬模式可以细分为三种类型。这样的调整有助于企业更好地适应市场变化，吸引和留住优秀人才，推动企业的持续发展。

常见薪酬模式的三种类型

合理的薪酬模式是稳住企业优秀人才的制胜法宝，比如在一些企业中，很有发展潜力的员工提出辞职，其最大的原因可能就是"钱不到位"。老板或人力资源经理往往会感到烦恼：到底什么样的薪酬模式才能激励员工？如何才能将基本薪资、奖金、绩效、福利以及津贴等几个部分合理地结合起来，从而实现最佳效果？

对于上文的情况，以下三种模式可供参考。

1.高弹性：低固定＋高激励

高弹性模式指的是固定薪酬比例较低（通常小于50%）、浮动薪酬的比例较高（通常高于50%）的岗位薪酬设置类型。这种模式一般应用于与公司业绩关联度较大的岗位，比如销售业务人员、平台运营人员等。常见的计件工资制、提成工资制都属于这种薪酬策略。

高弹性模式激励性较强，能有效增强员工结果导向。如果员工工作热情不高，企业便可采用这种高弹性薪酬模式，加大激励性奖金在薪酬结构的比重。与此同时，该模式也存在一定的缺点，可能会导致员工目标压力较大，员工成长周期较长。

2. 高稳定：高固定 + 低激励

高稳定模式指的是固定薪酬比例较高（通常高于 60%）、浮动薪酬比例较低（通常低于 20%）的岗位薪酬设置类型。这种模式一般应用于与公司业绩关联度较低的岗位，比如生产支持类岗位、跟单岗位、行政助理岗位、财务岗位、人力资源岗位等。

高稳定模式会让员工有较强的安全感，忠诚度较高，但激励性较差，而且公司人工成本负担较大。目前许多企业仍然采用这种模式。这种模式激励作用差，会导致员工的积极性降低。在现代市场经济中，一般建议不单独采用这一模式。

3. 综合性：中固定 + 中激励

综合性模式指的是固定薪酬比例和浮动薪酬比例基本持平，或者差别不大（通常为 60% ~ 70% 的固定 +30% ~ 40% 的薪酬激励）的岗位薪酬设置类型。这种模式通常应用在与公司业绩关联的一般岗位，比如技术研发、产品设计、开发、测试、新媒体运营等岗位。

综合性模式兼顾高弹性模式和高稳定模式的优点和缺点，具有一定的缓冲度和适应性。这的确是一种比较理想的模式，但它依然需要公司根据生产经营目标、工作特点和收益状况进行合理的搭配。

"底薪 + 绩效"模式可以说是中小企业从粗放管理或者零管理阶段向制度化管理过渡的必经之路。在如今的中小企业的管理现状中，它们还是推崇绩效模式。"底薪 + 绩效"模式既有保障性，也有一定的提升空间，对于激发人的奋斗精神非常有效。一般情况下，企业针对绩效模式进行调整，一是为安抚员工的心态，让他们熬得住、踏踏实实地为客户服务；二是出于对用户价值的考量。想要这两方面都能起到作用，单靠一套薪酬模式是行不通的，企业更需要不断完善薪酬体系，同时，在实施过程中结合运行效果、企业发展对其进行动态优化，以提高薪酬体系的灵活性。

薪酬体系判断

企业并非在形成一套薪酬体系之后，就可以一劳永逸。薪酬体系是一个动态变化的过程。为保证薪酬体系的灵活性，并保持薪酬管理的相对稳定性，企业应定期对薪酬体系做判断评估。

第一，是否与职位产出特性相匹配。短期、中期、长期薪资设置要与职位匹配。不同的职位具有不同的工作性质、职责和要求，因此其薪酬设置也应有所区别。对于短期、中期和长期薪资的设置，企业应该根据职位的产出特性和工作周期进行合理安排。例如，一些销售类职位可能更侧重于短期业绩的考核和激励，而技术研发类职位则可能更注重长期稳定的薪酬保障。因此，在构建薪酬体系时，企业需要充分考虑职位的特点和需求，确保薪酬设置与职位产出特性相匹配。

第二，是否能提高员工管理意愿。薪酬体系中有让员工愿意担任管理者的驱使性。通过合理的薪酬设置和晋升机制，企业可以让员工看到担任管理者带来的职业发展和经济回报，从而激发他们积极争取管理岗位的意愿。这样的薪酬体系不仅能够促进企业内部的人才流动和晋升，还能够提高企业的管理水平和整体绩效。

第三，薪酬结构是否合理。企业要判断薪酬结构安排是否合理、职级之间的级差是否合理等。薪酬结构应该包括基本工资、绩效奖金、福利待遇等多个方面，这些方面之间的比例和安排应该合理。同时，职级之间的级差也应该合理，要既能够体现不同职级之间的价值差异，又能避免过大的差距导致员工的不满和流失。

第四,是否具有驱动与激励效果。企业要评估所设置的薪酬结构是否具有驱动力、是否能够与工作绩效相挂钩。薪酬体系应该能够激发员工的工作热情和积极性,使他们愿意付出更多的努力和时间来达成工作目标。与此同时,薪酬体系应通过合理的绩效考核和奖励机制,来激励员工不断提高自己的能力和业绩。这样的薪酬体系不仅能够提高员工的工作满意度和忠诚度,还能够提高企业的生产力。

薪酬体系的调整原则

薪酬体系的调整一般有两方面的影响因素:一是内部因素,例如企业雇佣结构的改变、企业关注的业绩结构的变动、企业赢利水平的浮动情况等。企业的业务性质和内容不同,会产生雇佣结构的不同需求,对业绩的关注点也会大相径庭。二是外部因素,例如市场的供需关系与竞争状况、生产力水平、物价水平以及新出台的雇佣法规和政策。企业要了解竞争对手对其员工所制定的薪酬政策与水准,这对企业确定自身员工薪酬很重要。

一般来说,企业可以根据管理需求及员工薪酬满意度情况进行调整。调整有几大原则需要注意。

原则一:对内能够做到透明公开,对外能够吸引匹配的人才,使薪酬体系成为企业吸引人才的有力武器。

原则二:实现多能多得,鼓励持续产出。这意味着薪酬体系要能够体现员工的实际贡献和价值,激励员工不断提升自己的能力和业绩。

原则三:兼顾过程管控和结果激励。企业既要注重最终的业绩成果,也要关注员工的工作过程和态度。

原则四:要符合公司新的战略方向,要让集体利益和个人利益相结合。企业要确保薪酬体系与公司整体发展目标保持一致。

然而，薪酬体系最终得以调整的物质条件是公司良好的经营状况与财政实力。它需要公司有足够的财政实力作为支撑。只有当公司经营状况良好、财政实力增强时，薪酬体系的调整才能得以顺利实施，从而为企业和员工带来更大的利益和发展空间。因此，在制定薪酬体系调整策略时，企业需要充分考虑自身的实际情况和未来发展需求，确保调整方案的可行性和有效性。

薪资保密还是红线吗？

在职场环境中，薪资问题历来是员工们高度关注的话题。普遍而言，避免询问同事的薪资被视为职场中的一种"得体"行为。然而，员工是否有权了解同事的薪酬情况？薪酬保密相较于薪酬透明，真的更为优越吗？

从我国当前的实际情况出发，企业制度尚处于不断发展和完善的过程中，薪酬体系亦随之频繁变动。老一辈的企业管理者或员工，曾经历过"大锅饭"的时代，他们的观念相较于新一代员工更为传统，更加注重"面子"。在这样的背景下，薪资保密成为许多企业默认的管理方式，甚至一些企业还明确实行"密薪制"。

"密薪制"本质上是一种薪酬保密制度，即企业对员工的个人薪资进行保密管理，既不允许员工透露自己的薪资，也不允许员工探听他人的薪资。企业采用薪酬保密制度，往往出于保护员工隐私、避免薪酬调整带来的困扰以及防止商业机密泄露等考虑。

然而，对薪资保密的坚持并非毫无争议。企业一方面倡导员工具备

"主人翁"意识，共同努力工作；另一方面却对薪资信息讳莫如深，这难免让员工对团队的信任感和安全感产生怀疑，不利于培养诚信和协作的团队文化。

实际上，实施薪资保密需要付出一定的成本和努力。许多企业采用"密薪制"或签订保密协议，明确规定员工不得探听他人薪资，将薪资视为公司机密。然而，实际效果并不理想，员工之间或多或少都能了解到彼此的薪资情况。

因此，薪资保密是否应被视为不可逾越的红线，值得深入探讨。

薪资保密的背后是机制问题

薪资保密的背后，往往会折射出企业薪酬机制的不完善和不透明。我倾向于认为，薪资保密并非解决问题的根本途径，而是机制问题的延伸。当企业选择对薪资信息进行保密时，可能意味着薪酬体系存在某种不合理之处。

从企业的角度来看，薪资作为一种激励机制，应综合考虑岗位差异、员工能力、工作性质、责任大小、效率和经验等多种因素。为发挥薪资的导向和激励作用，企业应建立公开且明确的薪酬方案。但这并不意味着要公开每个员工的具体薪资，而是应公开具有代表性的薪资水平、部门薪资结构、项目绩效以及薪资相关数据等，以便员工能够估算出大致的薪资范围，同时避免侵犯同事的隐私和破坏团队团结。

当然，公开的前提是企业的薪酬机制是合理的。当薪酬机制能够经得起员工的审视时，薪资差异才能成为对员工贡献的客观评价。尝试薪资透明化，可以及时发现并纠正不公平现象，确保薪酬的公平性，增强员工的参与感和归属感。

薪资透明具有其正面影响。首先，薪资透明能够降低员工对预期报酬的不确定性，激励他们更加努力工作。其次，薪资透明有助于组织内部的沟通，培养员工的信任感，提高团队的多样性和生产力。最后，薪资透明还能为员工提供一个明确的职业发展路径，激发他们追求晋升的动力。

有研究表明，薪资透明度对企业科研团队的生产力具有积极影响。当企业实行薪资透明时，员工的创新能力显著提高。这一结果证明薪资透明在提升员工生产力方面的重要作用。

当然，薪资透明也可能带来一些负面影响，如员工被同行竞争公司"挖角"的风险增加、企业面临重新协商或诉讼的压力等。然而，这些风险并非不可克服。企业可以通过完善薪酬机制、加强员工沟通和管理等方式来降低这些风险。

总而言之，薪资保密并非职场中的必要红线。相反，企业应致力于完善薪酬机制、提高薪酬透明度，以激发员工的积极性和创造力，推动企业的持续发展。

"评估"本身也是成本

薪资与绩效是企业人力资源管理的两大支柱。薪资旨在保障企业工作流程的顺畅运行，而绩效则是衡量员工工作成效、决定薪资调整及奖励的关键依据。这也引发了一个关键问题：如何确保绩效评估的公正性与公平性，使员工的付出与回报相匹配？

绩效评估是一个系统性过程，涉及收集、分析和反馈员工在工作岗位上的行为表现及成果信息，以及对其工作优缺点的全面描述。作为绩效管理的核心环节，绩效评估不仅关乎绩效管理的实效性，还直接影响到企业的整体管理水平和员工的发展。

首先，绩效评估通过量化任务，以及将约束性与自觉性相结合，使绩效管理工作由"虚"转"实"。其次，绩效评估能够促进绩效管理与其他工作的紧密结合，确保各项任务得到有效落实，并不断提升管理效能。最后，绩效评估为组织表彰奖励提供有力依据，只有解决绩效管理中如何测评与改进的问题，才能实现管理系统的闭环。

绩效评估是一个复杂的、动态的、系统的问题，其关键在于绩效考核评价指标的计算。计算过程所花费的时间和人力成本是比较容易被忽视的。如何能够科学、快速地进行绩效评估，是管理者应该要解决的问题。

绩效评估的常见问题

一般而言，员工对于他们可能得到的绩效评估结果往往过于乐观。员工的薪资和职业发展都有可能取决于管理者对他们的绩效评估结果。不过这些结果真的可靠、值得参考吗？在日常评估过程中是否会有以下的情况出现。

1. 绩效评估标准不清晰

许多评估表看似客观，但对考核目标的设置却存在诸多不合理之处，如结果性指标与过程性指标混淆、指标缺乏可测量性、目标设置过低或过高、未考虑岗位差异等，这些问题可能导致评估结果的不公正。绩效要素及其评估标准的模糊性会增加评估的时间和成本。

2. 晕轮效应

晕轮效应（halo effect）是指人们在评价他人时，往往会根据对方的某个突出特点和品质，而对对方的其他方面做出以偏概全的评价。例如，在评估人际关系不太好的员工时，主管可能会将这类员工在其他方面的绩效也评价得较低。这种偏见不仅影响评估结果的准确性，还可能引发员工的负面情绪，甚至会增加员工离职的风险。

3. 居中趋势

许多管理人员在填写绩效评估等级时，倾向于将评估结果集中在中间等级。比如，如果评估尺度的等级范围是从第1级到第7级，那么他们很可能会避开那些较高的等级（第6级、第7级）和较低的等级（第1级、第2级），把大多数员工评定在第3级、第4级和第5级这3个等级上。居中趋势意味着所有的员工都会被简单地评定为"中"，这种做法看似能避免得罪员工，实则扭曲了绩效评估结果，使企业难以做出合理的晋升和薪资决策。

4. 评估标准过宽或过严

有些主管人员倾向于对下属员工的工作绩效做较高（或较低）的评价。如果不要求主管人员避免对全体下属都做出过于宽松或过于严格的评价，这种绩效评估标准过宽或过严的问题就显得尤为突出。

5. 评估者的主观评价

被评估者的个人特征或背景有时会影响评估者的评价。例如，在360度绩效考核或KPI绩效考核中，同事和上级的主观评价可能因个人偏见而偏离员工的实际工作绩效。这种主观性不仅会增加评估的复杂性，还可能引发员工的不满甚至造成人才流失。

因此，为确保绩效评估的公正性和准确性，管理者需要制定明确的评估标准、避免晕轮效应和居中趋势，保持评估标准的适度性，并尽量减少评估者的主观偏见。同时，企业还应关注绩效评估的成本效益分析，确保评估过程的高效性和实用性。

绩效评估：KGP 的数据驱动

绩效评估作为衡量员工工作成效的核心工具，其公正性、客观性和透明度对于员工薪酬调整、奖励分配乃至企业整体绩效具有深远影响。若绩效评估结果失之偏颇，将严重损害员工对薪酬体系的信任，进而制约企业的长远发展。因此，绩效评估必须建立在科学量化的基础之上，以确保其权威性和可接受性。

要想实现科学量化的绩效评估结果，关键在于有效的测量与度量。KGP 绩效评估体系强调数据评估的主导地位。数据评估不仅能够提供精确的度量标准，还能够指导过程的改进，提升评估结果的质量。更重要的是，数据评估的应用范围广泛，不仅限于绩效评估，还涵盖评选、晋升、奖金分配等多个方面。

首先，数据评估能够解决评估标准不清晰的问题。通过将性质表述转化为度量表述，并与既定标准进行比较，KGP 绩效评估体系能够实现评估的客观性、具体性和科学性。在评估数据表格中，清晰地界定工作质量的"优异""良好""合格"等标准，可以确保评估结果的一致性，并简化评估结果的解释过程，显著降低时间成本和人力成本。

其次，数据评估是克服晕轮效应的关键步骤。数据具有客观性，这种客观性可以确保评估结果的公正性，避免因主观偏见而产生的评估误差。

最后，KGP 绩效评估体系并非孤立存在，而是与企业管理活动紧密相连。它作为企业管理的重要组成部分，与人力资源管理、培训管理和薪酬管理有机结合。绩效评估能够推动员工绩效的提升，助力员工实现个人成长和职业发展。

综上所述，KGP 绩效评估体系以其数据驱动的特点，为绩效评估提供了更为科学、客观、公正的方法。通过数据评估，KGP绩效评估体系不仅解决了传统评估方法中的诸多问题，还为企业管理和员工的发展提供了有力支持。

多元薪酬的组合设计

作为企业领导者，大家或许常遇到这样的难题：尽管投入不菲的薪酬，员工的积极性却未见显著提升，反而抱怨连连、工作懈怠。问题的症结往往在于薪酬分配机制的不合理。单一的薪酬模式仅能短暂激发员工动力，要维持员工的持续积极性，薪酬设计必须与绩效、晋升紧密挂钩，构建一个"晋升与财富增长"相互促进的利益驱动体系，从而有效激活员工潜能。那么，如何科学设计并应用薪酬结构呢？以下3个案例或许能为我们提供一些启示。

案例1：

A公司近期尝试从固定薪酬制转向以业绩为基础的计件薪酬制，旨在实现"多劳多得"。然而，这一变革却导致员工将自己视为临时工，仅在有工作任务时才投入工作，缺乏长期归属感。同时，熟练员工发现自身薪酬与新员工、学徒无异，这引发了他们的强烈不满。

案例2：

B公司原本以线下销售为主导，凭借多年的积累建立了稳固的销售渠道和客户基础。然而，面对市场竞争的加剧和消费者购物习惯的变化，公司决定加速线上业务布局。在转型过程中，B公司大量招聘线上销售人员，但线上销售与线下销售的能力要求差异显著，导致新老员工之间迅速产生矛盾。线上销售人员认为自己所需技能更复杂全面，应获得更高薪酬；而线下老员工则认为自己的多年经验和客户资源同样宝贵，且已付出努力学习新技能，对新员工的高底薪感到不满。这种薪资差异不仅影响团队和谐，还阻碍公司线上业务的顺利发展。

案例3：

C公司近期招聘了一位有能力的主管，月薪高达13000元，而公司原有主管的月薪仅为10000元。新主管的加入引发原有主管的不满，对公司内部氛围造成不良影响。

从专业角度来看，薪酬结构是指薪酬层级的数量、各层级的薪酬范围、薪酬重叠度以及具体薪酬标准。简而言之，薪酬结构包括"纵向+横向"两个维度：纵向维度涉及薪酬等级的数量、级差、重叠度等；横向维度则关注薪酬薪档的设置，如薪幅、档差、档数等。通过合理设计薪酬结构的这两个维度，企业可以构建更加科学、公平的薪酬体系，从而有效激发员工的积极性和创造力。

薪酬结构的类型与适用情形

1. 薪酬结构的类型

薪酬结构通常分为多薪级结构（窄带）、宽带薪酬结构（宽带）、复合型结构以及职位族薪酬结构四种类型，每种类型具有其独特的定义及优缺点，如表2-1所示。

表 2-1　四种薪酬结构的定义与优缺点

类型	定义	优缺点
多薪级结构	一种传统的薪酬结构，通常包含 15 个或更多的薪酬等级，等级内薪幅为 20%~50%	优点：易于管理，为细分岗位和职责提供了明确依据，为员工提供了多样的薪酬晋升机会 缺点：面临习惯性调薪压力，需与多层级的官僚式结构相匹配，与企业的扁平化发展趋势相悖
宽带薪酬结构	薪酬等级较少，通常为个位数，等级内薪幅为 50%~100%，薪档灵活，强调技能、能力和绩效	优点：灵活性和市场适应性强，有利于职位轮换，能促进工作绩效提升 缺点：不适用于管理层级较多或绩效难以量化的职位，对一线管理人员要求高，灵活性过高可能导致薪酬总额失控
复合型结构	薪级数量和薪幅介于多薪级结构和宽带薪酬结构之间	结合多薪级结构和宽带薪酬结构的优势，同时弱化它们的劣势，是行业内应用广泛的薪酬结构
职位族薪酬结构	根据职位类型（如营销、市场、设计等）设置独立的薪级与薪幅，并对应不同的知识技能要求	优点：适应职位差异大、数量多的情况，可实现共性管理与个性特点的统一 缺点：职位族间及内部薪级与知识技能对应的设计、解释和管理难度较大，传统管理方式对人力资源管理者来说压力大

注：
①薪幅：同一薪级的极差（最大值—最小值）÷最小值×100%。
②行业通行的薪酬结构实际上是复合型与职位族薪酬结构的综合。

2. 适用情形

薪酬结构的适用情形并非固定的，实际应用中往往是多种薪酬结构的综合。以下适用情形分析旨在提供设计导向的参考，如表 2-2 所示。

表 2-2　四种薪酬结构适用情形

名称	适用情形
多薪级结构	企业文化：偏官僚作风，重视地位（以职级、薪级为标志） 组织结构：定义清晰的科层制 薪酬导向：同时实现内部公平性与外部竞争性 薪酬预期：小步快跑，但总额增幅受严控
宽带薪酬结构	企业文化：决策与管理偏灵活 组织结构：柔性与扁平化组织结构 薪酬导向：明确的市场导向 薪酬预期：鼓励员工横向发展
复合型结构	企业文化：官僚与灵活的中间状态 组织结构：较少的层级或倾向于减少层级 薪酬导向：外部竞争力大于内部公平性 薪酬预期：横纵向同时发展，严格与员工贡献关联
职位族薪酬结构	组织内存在多个独立的市场主体，需要实行差异化薪酬 不同职位族的责任范围、知识技能要求差异较大 职业发展路径非常倚重能力评价与界定

薪资结构类目

薪资结构类目是企业根据具体要求设计的薪酬组成部分。在设计薪酬体系时，企业需针对不同行业、发展阶段和岗位性质，结合岗位核心价值和目标来进行设定。

薪酬结构设计的核心在于有理有据，每个工资类目都应代表一份职责、能力或成果。例如，管理津贴体现管理职责，绩效工资衡量工作成果，等等。薪资结构类目如表 2-3 所示。

表 2-3　薪资结构类目

工资类型	详细类目	工资详情
标准工资	基本工资	根据员工的岗位、职责、能力等因素确定的固定薪资部分
	保密费	对于涉及公司机密或敏感信息的岗位，可以设立保密费
补贴津贴	管理津贴	针对管理岗位，根据其管理幅度、管理难度和管理效果而设定的津贴
	岗位津贴	根据岗位的特殊性或工作环境条件而设定的补贴，如高温补贴、夜班补贴等
	技能补贴	针对具备特殊技能或资质的员工而设立的补贴，以鼓励员工提升专业技能
	出行补贴	根据员工的出行需求，如通勤、出差等，给予补贴
	餐补房补	为员工提供餐饮和住宿方面的补贴，以减轻员工的生活负担
浮动工资	资历津贴	根据员工的工龄或工作经验而设定的津贴，以体现对老员工的尊重和认可
	绩效工资	根据员工的绩效考核结果而发放的薪资部分
	全勤奖	为了鼓励员工按时出勤而设立的奖励，员工当月无迟到、早退、请假等情况时，可获得全勤奖
奖金类	激励	针对员工在某些方面（如创新、成本控制等）突出表现而给予的奖励，主要为了打造工作氛围
	提成	一般是针对销售人员或业务人员的销售业绩而设定的奖励
	奋战奖	对于在关键时期或重大项目中表现出色、付出努力的员工给予奖励
	对赌奖	公司与员工共同设定目标，若员工达成目标，则获得相应奖励；若未达成，则可能承担一定责任或损失
	年终奖	据公司整体业绩和员工个人表现而发放的年度奖励
	贡献奖	对于为公司做出重大贡献或提出建设性意见的员工给予奖励
	留才奖	为了鼓励员工长期留任而设立的奖励，通常与员工的忠诚度和稳定性挂钩

薪酬结构的设计，不是简单地对薪资进行拆分，而是要导向公司的

战略目标或价值观，它主要有两大作用：一是聚焦岗位。明确某一岗位的薪酬构成及比例关系，充分发挥薪酬项目的保障、激励、补偿和保留功能。二是统揽全局。建立薪酬等级序列体系，设定薪酬增长轨道和阶梯，实现岗位责权利的统一，体现不同层次、职位的差异，确保薪酬分配的公平性和合理性。

中小企业薪酬结构的设计逻辑

在中小企业初创阶段，薪酬方案往往较为直接且简单。然而，随着企业规模的扩大和人员数量的增加，薪酬制度的问题逐渐显现。我国古语有云："不患寡而患不均。"薪酬分配的内部不公平性对员工产生的负面影响，往往比单纯的低工资更为严重。员工数量越多，内部不公平现象就越容易出现，对企业的危害也越大。

因此，许多企业不断对薪酬制度进行调整。然而，在薪酬设计上，部分企业缺乏科学的理念和正确的思路，往往基于直觉或简单模仿其他企业的薪酬制度，而不考虑其背后的设计逻辑和是否匹配自身情况。这种做法看似解决薪酬问题，实则可能引发新的问题，使薪酬设计负责人陷入困境。薪酬制度常见问题如图2-1所示。

图2-1 中小企业薪酬制度常见问题

薪酬设计虽然并非随意之举，但是其中逻辑也并不复杂。业内常用的"3P+1M"模型能够很好地解释薪酬设计的核心要素，如图2-2

所示。这一模型概括起来就是基于"岗位（Position）+个人（Person）+业绩（Performance）+市场（Market）"进行薪酬支付，旨在实现薪酬的内部公平性和外部竞争性。

图 2-2 "3P+1M"的薪酬逻辑

首先，岗位是薪酬设计的基础。不同岗位承担的责任对企业整体结果的影响不同，因此其薪酬也应有所不同。例如，总经理的薪酬通常高于文员，因为总经理岗位的责任更大。

其次，个人因素也是薪酬支付的重要考虑。这包括技能、资历和差别因素等，即企业应为员工的能力付薪。在招聘过程中，有能力的人往往会要求高薪，这正是他们要求企业为其能力买单的表现。

最后，业绩是薪酬设计中的关键要素。员工为企业创造的业绩结果或关键节点成果应得到相应的薪酬回报。绩效工资、提成等薪酬结构正是业绩浮薪理念的体现。

然而，要实现薪酬的内部公平性，仅考虑以上三个要素是不够的。薪酬设计还需要考虑市场因素。员工的薪酬水平是由市场供需关系决定的。因此，企业需要进行薪酬市场调研，并根据既定的薪酬策略（如领先型、跟随型、滞后型、混合型）来确定企业的薪酬水平。尽管中小企业可能面临对标企业薪酬市场数据难以获取的问题，但仍需结合实际情况，通过多种渠道获取相关数据。

"3P+1M"模型中的任一要素单独作为薪酬支付的基础都存在局限性。例如，仅依据业绩结果付薪而忽视岗位和能力因素，可能导致人员流失和员工不满。因此，在实际应用中，"3P+1M"模型通常会综合考虑，并根据企业的实际情况调整各要素的设计比例。

中小企业薪酬设计一般应遵循以下五个步骤。

1. 厘清组织架构，明确职等职级

企业需要明确组织架构，并区分人员和岗位。价值评估应针对岗位价值，而非人的价值。同时，不同部门之间也存在相对价值的高低，这需要在薪酬设计中得到体现。

2. 确定薪酬策略，建立薪酬体系

企业应通过市场调研获得职等的薪酬中位值，并采用科学的方法（如指数曲线二次拟合）得出每个职等的薪酬中位值；根据选定的薪酬策略，确定岗位与具体职等之间的对应关系。

3. 设计薪酬结构，设立激励方式

薪酬设计的第三个因素是业绩。企业应选择不同的薪酬结构、不同的固浮比设计，采取适合实际需要的绩效考核制度设计、提成制度设计进行激励设计。对于有关激励设计的细节，企业可根据实际需求拟定。

4. 进行定岗核算，控制薪酬总额

企业应对每个员工进行定岗，并根据其所在岗位决定职等；同时，对员工能力进行胜任度评估，结合职等薪档矩阵得出员工的标准薪酬。在定岗过程中，中小企业往往存在准确度不够的问题，因此需要对定岗结果进行合理性评估；同时，要对薪酬总额进行计算和控制，确保符合企业的经营预期。

5.持续优化方案，辅助实施落地

企业要将薪酬设计成果整理成制度文件，并对员工进行充分的宣讲和培训，确保新制度能够顺利落地实施。薪酬结构的设计是公司管理理念的体现，应充分考虑绩效管理、员工激励和发展等多方面因素。回到文章开头的案例，薪酬调整方案其实并不复杂。

案例1：给员工适当加入底薪，改成"底薪+提成"制，底薪根据岗位和能力来评定。

案例2：对销售岗位序列进行相对价值评估，对薪酬固浮比进行合理的调整。

案例3：给新进主管设立浮薪结构，按照业绩目标进行提成。他要拿高工资就要做到比其他部门主管更高的业绩。企业要和新进主管做好业绩目标约定。

第三章

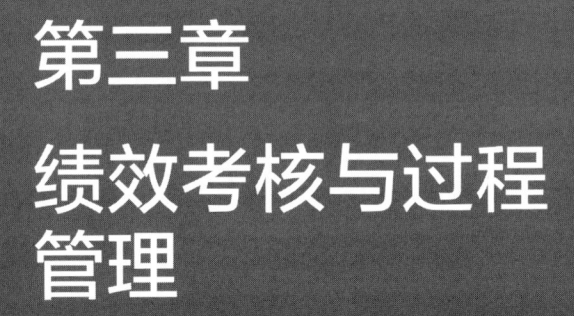

绩效考核与过程管理

重新思考绩效管理制度

在我国，中小企业的管理层若以年龄划分，大致可归为三类。

第一类是"60后"或"70后"创业者，他们的企业已传承至今，面临企业交接给下一代的挑战。在此过程中，两代人之间常会出现思维碰撞。老一辈企业家主要依赖个人人格影响力来管理企业和团队，缺乏体系化的管理方法和绩效管理等科学工具。因此，在传承企业时，他们发现人格影响力难以传承，迫切希望导入一套管理模式。而在年轻一代员工眼中，具有人格魅力的领导固然很好，但他们更关注能从公司获得什么。

第二类是"80后"创业者，他们自己在管理公司时，招聘的员工多为"90后"或"00后"的"新生代"。这些员工的工作思维与前辈不同，使得"80后"创业者面临如何有效管理企业的难题。对于绩效管理，他们心存矛盾：实施绩效管理可能束缚员工，不实施又可能难以管理。因此，核心问题不在于是否实施绩效管理，而在于如何科学合理地实施。

第三类是"90后"或"00后"创业者，他们的企业在初创阶段就需要搭建包括组织架构、薪酬结构等在内的管理体系。新生代员工热爱自由，在职场上也希望有更大的自由度，对绩效考核有一定的排斥心理。然而，一个企业不能没有绩效管理，自由必须建立在规则之上。因此，即使是新生代创业者，也需要绩效管理。

绩效管理制度发展至今，我们需要重新审视，让管理者和员工重新认识绩效管理，让员工从绩效管理中创造更好的工作成果，获得更多的收益，逐渐改变对"考核"的抵触心理，认识到绩效管理的价值。这是当前中小企业面临的重点问题。

一些管理者常抱怨年轻人难管，人才管理困难，这可能与他们的管理方式有关。随着年轻人知识水平的提高和思维方式的独立自主，如果管理者继续沿用过去的管理方式，自然会感到吃力。

曾国藩曾说："谋大事者，首重格局。"在职场管理上，管理者的格局至关重要。如果管理者不顾新生代的需求，继续套用传统管理方式，这是格局小的表现。人的格局与思维模式紧密相关，思维方式决定未来的行动轨迹。因此，管理者要实现大格局，就必须转变管理思维模式。

传统绩效管理制度存在哪些不足？

市场中常见的管理方式是绩效考评，通过多个量化指标对员工进行打分，以每月或每季度的成绩生硬地将员工划分为好坏两个层级，忽视员工自身成长的可能性。这可能会导致员工过分追求高分，如讨好领导、做领导喜欢的事，或在具体工作上刻意表现自己。

如果员工只关注分数而非工作或自身成长，企业的长期发展将无从谈起。此外，企业和员工都应明确，设置绩效的目的不是为扣钱，大家要扭转对绩效的错误印象，尤其要注意避免陷入"结果"陷阱，即表面上重视结果考核，但设置的指标难以达成，这会让员工产生畏难和抵触心理，认为绩效只是变相扣钱。

在设置绩效时，企业应明确其最终目的是对结果的考量。然而，在实际操作中，许多企业对 KPI 考核实施结果的反馈显示，关键绩效考核机制的运行结果参差不齐。例如，有些员工工作勤勤恳恳、态度认真，但尚未取得结果，绩效完成得并不好，这并不代表他们能力不足。

因此，单纯的考核结果无法全面反映员工对岗位工作的完成情况，注重结果的 KPI 考核无法直观反馈企业面临的问题。据此，企业需要重新设计绩效管理制度。

在我看来，无论是在实际操作上还是在管理思维上，传统绩效管理制度最缺乏的是"成长型思维"。成长型思维是斯坦福大学行为心理学教授卡罗尔·德韦克（Carol Dweck）在其《终身成长》（*Mindset: The new Psychology of Success*）一书中提出的一个概念或一种心智模式，她将人的思维方式区分为"固定型思维"和"成长型思维"两种。

在固定型思维模式下，人们认为事物是一成不变的，人也很难改变。他们相信人的能力是天生的，努力也无法有很大的提高。在成长型思维模式下，人们看待世界的方式更加灵活，相信所有事情都在改变，每个人都在不断成长与进步。

拥有成长型思维的人更愿意看到他人的优点和潜力，具有积极的人生观，既能包容自己的缺点，也能欣赏他人的优点。他们面对自己时更加自信从容，面对他人时更加宽容大度。他们相信努力和挫折能够提高自身能力，每一次挑战都是让自己变得更强大的机会。这种成长型思维模式与 KGP 绩效的管理理念相契合。

KGP 是什么？

KGP 即关键成长路径，目的是希望扭转企业和员工对"绩效"的固有认知，让绩效成为企业管理过程中，协助达成目标、挖掘问题、分配利益、促成成长的"关键"管理方式。

以业务员为例，大部分员工都有业绩要求。对于新入职的员工，如应届生，他们不可能一开始就能取得业绩。前期，他们需要做一些"动作"或完成一些任务，为接下来的业绩打下基础。

在这种情况下，传统考核方式行不通，而KGP过程考核则更注重过程。公司要求员工必须完成一些"动作"，如果动作做到位，就能通过考核。例如，有些公司的产品成交周期较长，如果只看员工在试用期间的1~3个月，可能没有结果。那么，如何验证这个人是否合适呢？这时，我们需要看他平时的工作是否做到位。

比如，公司要求员工一天要跟客户打10个电话，且这10个客户都必须是接通状态。如果他打，说明他这个过程做得很到位。他持续这样做，即使客户没有下单，但他与客户的关系也保持得不错，保持了客户下单的可能性。即使他前面没有成交，但把这些过程做扎实，未来也是可以看到成果的，这就是过程的成果。

再比如，公司要求员工每天建立一定数量的新客户线索和档案，完成一定数量的准大客户背景调查、有效报价等，员工要是将这些过程完成好，未来是可以拥有可见的结果的。

KGP绩效考核强调的是过程，但这并不意味着结果不重要。它旨在更好地帮助员工取得结果。此外，过程考核还有以下优势。

第一，运用过程考核明确员工日常关键工作。通过对关键过程的梳理和考量，企业可以明确员工日常关键工作，梳理出员工达到结果时需要做好的一系列关键节点，以衡量员工的职务履行程度。

第二，数据化考核员工工作情况。企业根据不同职位、不同层级设置标准化的数据指标，让绩效考核能得到规范推进。如果有重大事项需要上会审批，那么会后应直接存档、形成完整的数据关联，以使绩效复盘有依据。同时，这也可以让员工的业务数据可分析与利用，形成组织图谱与人员画像，为优化员工能力提供数据支撑，从而更有针对性地培养人才。

第三，KGP绩效衡量的是工作成果、职务履行程度和成长情况。

它强调提升人的参与感和价值感，通过指引员工达到结果的关键过程，带领员工成长，以便员工即使没有达到结果，也能先将过程做好。这是培养员工的良好工具。

综上所述，对于新生代员工而言，契合 KGP 绩效的成长型思维确实能够帮助其成长并创造更好的结果。将 KGP 作为企业管理的核心，不仅可以考核员工的关键工作及工作成果，还可以将其与提成激励、晋升、年终奖等机制相结合，形成一套完整的、以绩效为核心的企业管理机制系统，从而让员工重视绩效，与企业一道实现业绩突破、共创辉煌。

碎片化员工培训，是吃掉效率的隐形障碍

在企业管理的众多议题中，员工培训与绩效考核同样重要，但往往被中小企业管理者所忽视。他们更多地聚焦于招聘、绩效管理和薪酬体系，而培训则被视为次要环节。然而，在信息爆炸的今天，培训已经成为企业构建核心竞争力的关键环节。尽管不少企业已设立培训中心，但效果却大相径庭，其中，员工培训碎片化成为制约企业长远发展的隐形障碍。

在中小企业中，员工培训碎片化的现象尤为突出。管理者常采用老员工带新员工的方式，缺乏系统性和目标性的培训计划。这种"传帮带"的模式虽然看似经济有效，实则有巨大的隐性成本。老员工因培训而分散工作精力，新员工则因缺乏系统性培训而难以充分发挥潜力。

管理者：碎片化的"有问必答"真的好吗？

在实际操作中，不少管理者倾向于将新员工托付给经验丰富的老员工进行辅导，而老员工则大多采取"问答式"的培训方法。他们认为，只要新员工提出问题，自己给予解答，就尽到培训的"职责"。然而，每当新员工遇到难题时，老员工往往直接提供答案，这种看似及时解决问题的做法，实则不经意间培养了员工碎片化的学习习惯。

事实上，尽管少数员工具备整合思维，能够从零散的信息中构建自己的知识体系，但大多数员工却难以做到这点。他们更倾向于停止深入思考，放弃主动寻找解决方案，转而依赖老员工的"即答式"帮助。长此以往，老员工可能误以为已完成培训任务，而员工的独立思考能力与问题解决能力却未能得到有效锻炼，这无疑会对企业的创新力和核心竞争力产生负面影响。

此外，这种碎片化的"问答式"培训模式还可能使管理者陷入琐碎事务的泥潭，无法专注于更重要的管理任务。当员工频繁提问时，管理者不得不花费大量时间和精力来解答，从而分散他们对核心工作的关注，降低企业的整体运营效率。

因此，我们有必要对这种碎片化的培训方式进行深刻反思，重新审视员工的成长需求与管理者时间分配之间的平衡，设计出更加系统和科学的培训计划。

员工：已尽所能，却停滞不前

对于员工而言，他们日常似乎都在向前辈请教，从工作中积累经验。每次遇到困难都有前辈指引解决，问题一旦解决，他们便似乎掌握一项新技能。然而，这种经历可能让他们产生一种误解：我已解决眼前问题，已尽全力。但事实是，解决当前问题，并不意味着下次遇到类似或新问题时，能同样有效地应对。

由于所接受的知识和技能往往是零散的、缺乏连贯性，部分员工难以构建完整的知识体系和技能框架。当面对稍微复杂或新颖的问题时，他们往往会感到力不从心。就像上学时，学生尽管看似努力学习并掌握了知识，但在实际做题时却无从下手。

碎片化培训的弊端主要体现在以下六个方面。

第一，碎片化培训会破坏知识的连贯性和系统性。知识本身是一个相互关联的整体，而碎片化培训往往只关注个别知识点或技能点，会忽视它们之间的内在联系。这导致员工在接受培训时，难以形成完整的知识框架，甚至可能产生认知偏差。

企业利用微信等工具进行的线上碎片化培训、推送的链接或短视频虽然看似丰富，但大多缺乏逻辑连贯性。员工在学习这些碎片化知识时，只能了解到一些简单的事实或应对方法，无法深入理解其背后的原理和逻辑。

第二，碎片化培训容易导致员工注意力分散。由于培训内容的不连续和零散，员工在接受培训时需要频繁切换思维，难以保持长时间的专注。这不仅会降低培训效果，还可能使员工对培训产生厌倦感。例如，在新员工培训过程中，如果仅仅依靠短暂的集中培训就将其交给用人部门，新员工往往会因不适应工作环境或工作风格而与部门产生摩擦。由于缺乏有效的反馈机制，这些摩擦可能导致新员工离职。

第三，碎片化培训可能会忽视员工的实际需求和发展方向。每个员工都有不同的职业发展规划和学习需求，而碎片化培训往往难以针对个体差异进行精准设计。这会导致培训内容与员工实际需求脱节，无法满足员工的学习和发展需求。

第四，碎片化培训可能会影响员工的思维方式和解决问题的能力。长期接受碎片化培训的员工可能习惯于孤立地看待问题，缺乏从整体和系统的角度思考和分析问题的能力。这会限制员工的职业发展，使其难以应对复杂多变的工作场景。

第五，碎片化培训可能会增加企业的培训成本。由于培训内容的不连贯和重复，企业可能需要投入更多的资源和时间来进行培训，但培训效果却不尽如人意。这不仅会增加企业的经济负担，还可能影响其整体运营效率和市场竞争力。

第六，碎片化培训可能影响员工的价值观形成和决策能力。长期接受碎片化培训的员工往往习惯于简单、单层次的思维模式，难以适应更高层次的发散型思维模式。这种思维模式可能导致员工在面对复杂问题时做出错误的决策，进而影响企业的整体发展。

因此，企业必须建立完善的员工培训体系，确保员工有一个明确的成长路径。有效的培训体系应该是一个动态、开放的系统，并能够根据公司的发展战略和目标进行及时调整。企业应通过运用各种培训方式和人力资源开发技术，将零散的培训资源有机地、系统地结合在一起，确保培训工作能够持续、有计划地推进。

以某知名互联网公司为例，该公司通过构建完善的培训体系，实现员工从入职到成长的全程跟踪和指导。新员工入职时，公司会提供详细的入职培训计划，包括线上课程、实践项目和导师制度等。同时，公司还会根据员工的岗位和发展需求，提供个性化的培训计划和晋升机会。这种系统化的培训体系不仅提高了员工的专业技能和综合素质，还增强了员工的归属感和忠诚度。

需要注意的是，培训体系必须是一个动态、开放的系统，必须根据公司的发展战略和目标进行及时调整。否则，培训体系将失去实际意义，无法真正发挥推进绩效改善和提升企业竞争力的作用。

量化是一切的前提

在当今这个数字化迅猛发展的时代，众多企业正积极投身于数字化办公或数字化转型的浪潮之中。而在这股潮流中，量化无疑扮演着至关重要的角色。可以说，量化的实现是企业走向数字化的基础，只有那些能够精准量化的企业，才能在数字化的道路上稳步前行。

对于企业而言，量化是一项不可或缺的参考指标。它所呈现的数据，是一种普遍认可的、可作为衡量标准的共识。这些数据不仅反映企业的运营状况，更为企业的决策提供有力的依据。

随着智能设备的不断普及和技术的飞速发展，"量化"的概念已经被广泛应用于社会的各个领域。从社交娱乐、时间管理到学习教育，人的各种维度都在被量化。手机应用会定期推送月度、年度报告，详细记录我们的行为轨迹：听过多少歌曲、阅读过多少书籍和电影、与多少人成功匹配、与哪位好友互动多少次、打车行驶多少公里……在大数据时代，获取数据、量化行为变得前所未有的便捷。

相较于主观感受的模糊性，量化结果更加直观、易于比较和精准定位。著名数学家吴文俊教授曾对拓扑学做出杰出贡献，并首创"脑力劳动机械化"理论。他认为，无论在哪个领域，最终都需要通过定量来进行分析和判断。因此，社会科学也在逐渐走向定量的道路。

量化的标准定义是指将某一范围内的变化用数值的形式表现出来。在真实的企业经营中，我们进行大量的工作和创新，定义各种流程。然而，这些工作往往依赖于人工操作，缺乏精细化和标准化。这导致效率低下，难以形成有效的数据支撑。

随着企业业务线的不断增加、产品组合的日益丰富以及客户和员工的增多，数据呈现出指数级增长的趋势。如果此时仍然依赖手工账来分析数据，那么我们将无法从海量数据中挖掘出有价值的规律和趋势。因此，我们需要借助合适的量化工具来找到各个变量之间的关联和规律。

然而，在量化的过程中，我们可能会遇到一些质疑和困惑。有人可能会问：任何事物都可以被量化吗？实际上，这往往是因为我们没有明确要量化的目标。例如，企业可能关心公众形象这一抽象概念。虽然公众形象本身难以直接被量化，但我们可以结合具体的业务指标将其量化。例如，公众形象会影响到顾客的推荐意愿和口碑传播，进而产生广告效果并影响销售。因此，我们可以通过量化"顾客推荐"这一容易衡量的指标来间接反映公众形象的变化。

在科学研究中，这样的过程被称为找到研究目标的"操作性定义"。它通过将抽象、不可操作的目标转化为具体、可衡量的指标来使研究更加具有可操作性和实用性。同样地，在企业量化过程中，我们也需要明确量化的目标和指标，以便更好地进行数据分析和决策。

当我们明确量化的概念、重要性以及具体的量化目标后，接下来就需要进行具体的数据化决策工作。例如，在薪酬管理方面，我们可以将薪酬管理内容数据化或线上化，创建数字化的智能管理场景。通过收集和分析薪酬数据，我们可以更加精准地制定薪酬策略、优化薪酬结构以及提高薪酬管理的效率和公平性。数字化智能管理场景如图3-1所示。

在这个场景中，企业可以借助集成化、智能化的项目管理软件来实现一站式的目标管理解决方案。该软件将企业的目标管理、绩效考

第三章 ◎ 绩效考核与过程管理

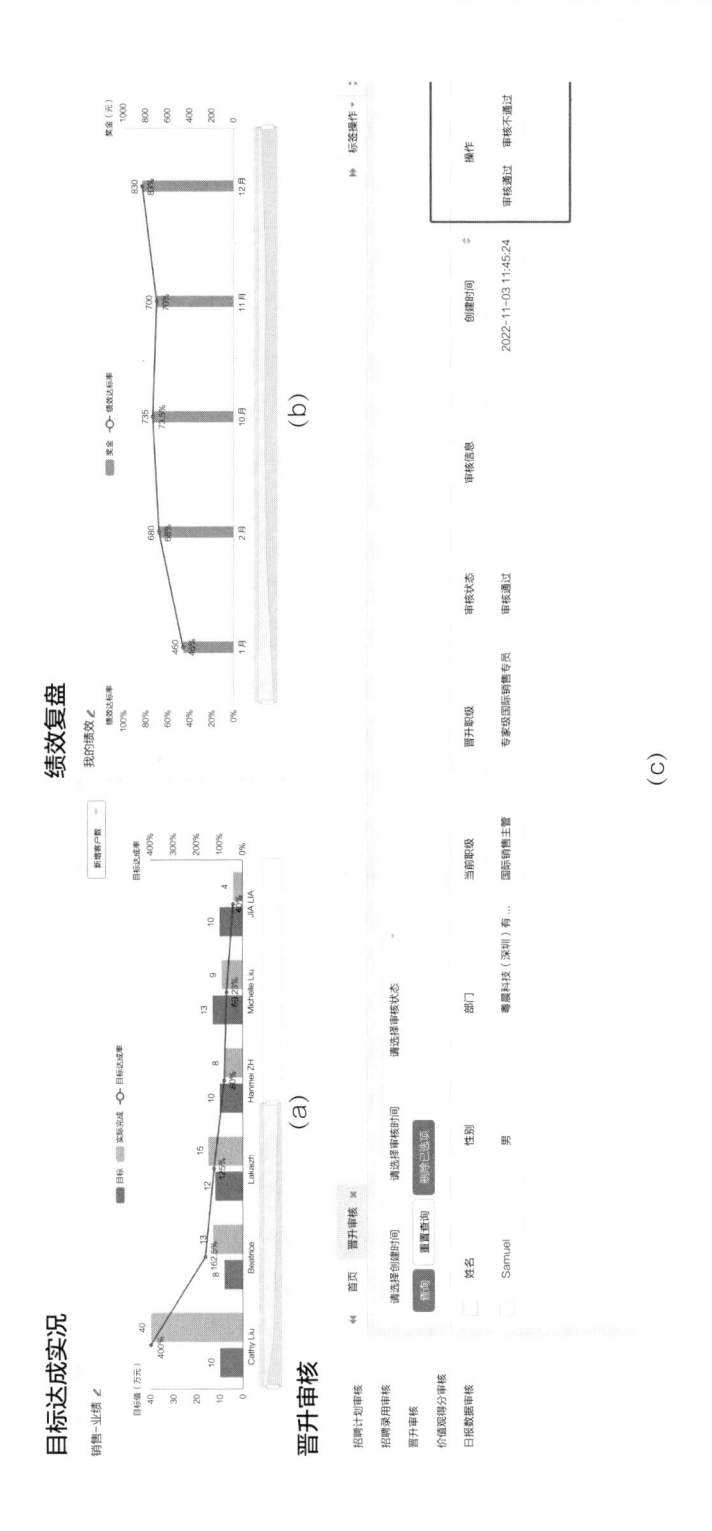

核心任务进度

开始日期	任务内容	重要程度	计划完成日期	实际完成日期	责任人	历时天数	剩余时间(天...)	延迟天数	任务状态	任务进度详细情况	备注	操作
2023-02-18	招聘	非常重要	2023-02-28		Samuel	3	6		进行中			删除任务
2023-02-18	完成海报设计	一般重要	2022-12-11	2022-12-12	Rose Qiu	2	0	1	已完成			删除任务
2023-02-18	完成表格设计	非常重要	2022-11-02	2022-12-12	Rose Qiu	2	0	1	已完成			删除任务
2023-02-18	完成核心工作	非常重要	2022-11-12	2022-11-09	Hanmei ZH	110	0		进行中			删除任务
2023-02-18	完成系统票...	非常重要	2022-11-05	2022-11-03	JIA LIA	0	0	0	已完成			删除任务
2023-02-18	完成运营计...	非常重要	2022-11-08		Samuel	1	0	0	已完成			
2023-02-18	完成拓华客...	非常重要			Sally ZH	112	0		进行中			删除任务

(d)

第三章 ◎ 绩效考核与过程管理

数据报表审核

头像	姓名	部门	职位	职务	操作
	Samuel	粤农科技（深圳）有限公司	国际站销售	销售总监	审核日报数据
	JIA LIA	销售一组	国际站销售	初级国际销售专员	审核日报数据
	Sally ZH	销售一组	国际站销售	初级国际销售专员	审核日报数据
	Rich Qiu	平台运营组	国际站销售	国际站运营主管	审核日报数据
	Michelle Liu	销售一组	国际站销售	初级国际销售专员	审核日报数据
	Hznmei ZH	销售二组	国际站销售	初级国际销售专员	审核日报数据
	Cathy Liu	销售一组	国际销售	国际销售主管	审核日报数据
	Tesla D	粤农科技（深圳）有限公司	总经办	总经理助理	审核日报数据
	Rose Qiu	平台运营组	国际站销售	初级国际站运营专员	审核日报数据
	Beatrice BQY	平台运营组	国际站销售	初级国际站运营专员	审核日报数据
	BIPO Z	粤农科技（深圳）有限公司	财务	中级财务专员	审核日报数据
	Money D	人事部	人力资源	人事主管	审核日报数据
	Bella BQY				审核日报数据

(e)

KGP 绩效管理法：团队自驱增长新引擎

员工	价值观	行为	行为描述	分数	评审状态	操作
JIA LIA	游刃有余	独立完成一个方案的设计和输…		30	待审核	评审
Samuel	游刃有余	独立完成一个方案的设计和输…		30	审核通过	评审
Sally ZH	极致垂范	独立完成一个方案的设计和输…	协助客户完成绩效复盘	20	审核通过	评审
Michelle Liu	极致垂范	力求细致，考虑周全解决客户…	帮助客户解决租赁问题，直到…	20	审核通过	评审
Tesla D	游刃有余	力求细致，考虑周全解决客户…	完成入企服务并获得闺蜜客户…	20	审核通过	评审
Tesla D	游刃有余	独立完成一个方案的设计和输…	紧急输出明浩客户的激励奖金…	30	审核通过	评审
Cathy Liu	游刃有余	独立完成一个方案的设计和输…	完成务蓄客户的提成方案	15	审核通过	评审
Samuel	游刃有余	独立完成一个方案的设计和输…	打广告	30	审核通过	评审
Samuel	游刃有余	独立完成一个方案的设计和输…	完成A客户的提成方案	30	审核通过	评审

(f)

图 3-1　数字化智能管理场景

062

核流程等统一到平台上进行管理和分析，实现管理的标准化和智能化。同时，通过数据集成和共享机制，企业可以实时获取全面、准确的项目信息视图，为决策提供有力的支持。

随着数字化时代的不断演进和深入发展，企业对项目管理的要求也在不断提高。面对日益复杂的业务流程和考核数据，如何有效地管理项目、整合资源以及提高管理效率成为企业亟待解决的问题之一。具有强大功能的数字化智能管理平台正是解决这一问题的得力助手和有效工具。通过借助这些平台的力量，企业可以更加高效地推进数字化转型和升级工作，实现可持续发展和竞争优势的提升。

过程？还是结果？

在职场中，我们常常听到"结果比过程重要"的论断。这通常是那些凭借个人能力和单兵作战取得成果的人的观点，他们可能不太注重总结成功规律和人才复制，因此更多地被视为"狙击手"，而非合格的管理者。然而，当结果不尽如人意或我们对结果缺乏把握时，另一种声音便会响起："过程比结果重要。"这句话虽然看似是安慰人的说辞，但也揭示了人们对于过程和结果的不同理解。

实际上，过程与结果并非孤立存在的，而是相互依存、相互促进的。一个优秀的管理者应该认识到，过程和结果同样重要，只是在不同情境下，它们的侧重点可能有所不同。

当我们全身心投入某项工作，进入"心流"状态时，过程确实比结果更为重要。在这种状态下，我们忘却时间的流逝，全神贯注地投入创造，这种状态本身就是一种幸福和成长。而当我们真正沉浸于过程中，成长和收获往往也会随之而来，这本身就是一种成果。因此，我们不能简单地否定过程的重要性，而应该看到过程与结果的内在联系。

那么，如何将过程做得更好、更扎实，从而得到一个可接受的结果呢？这需要我们深入理解并合理运用衡量绩效的工具。很多中小企业喜欢用 KPI 来衡量员工的工作结果，但真正理解 KPI 的却并不多。KPI 并非简单的利润率、转化率等结果指标，而是能够引领我们走向成功的早期信号，它让我们关注到另一个指标——KGP。

KGP 的出现为我们提供了新的启示。它让我们看到，未来成功的早期指标往往隐藏在关键过程之中。通过关注 KGP，我们可以提前发现那些能够引领我们走向成功的迹象，从而及时调整策略，确保我们始终走在正确的道路上。

在市场尚未形成但痛点已然存在的领域，KGP 的作用更加凸显。因为这些领域所要解决的问题往往不是市场规模的大小，而是分辨一项工作是否重要。在这些领域，管理者更应该关注能成为未来市场的早期指标的重要工作，这些工作能引领我们走向成功。

因此，在追求企业成功的道路上，我们需要不断发掘和利用这些关键成长指标。这意味着我们需要放弃烦琐的报告和商业计划书，减少对财务数据的过度依赖，转而关注那些真正重要的工作。我们需要问自己：这是一项重要的工作吗？如果我们不去解决的话会怎么样？

面对这样的问题，我们需要做出明智的选择。我们应该选择那些如果我们不做，企业就会分崩离析的事情。这样的工作才是真正重要的，也才是引领我们走向成功的关键。

在这个过程中，我们必须让自己深信这一点。因为只有这样，我们才能在追求成功的道路上不被短期的利益所迷惑，始终保持对未来的清晰洞察和坚定信念。同时，我们也需要不断优化和完善我们的过程管理，确保每一个环节都做到最好，从而为结果的实现奠定坚实的基础。

总之，过程与结果是相辅相成的。在追求企业成功的道路上，我们需要既关注结果，又注重过程。深入理解并合理运用衡量绩效的工具，发掘和利用关键成长指标，这样可以更好地指导我们行动，确保我们始终走在正确的道路上，最终走向更加光明的未来。

过程做好了，结果自然就会发生

许多管理者倾向于简化管理流程，认为"只要结果好，过程无所谓"。然而，这种思维方式往往会导致团队缺乏持续创造力和战斗力。一个真正出色的管理者会深入剖析达到结果的过程，为下属提供一条清晰的成长路径，让他们能够循序渐进地获得预期的结果。接下来，我们通过一个销售案例来详细阐述这一过程。

许多销售主管或销售经理可能会遇到这样的困惑：明明团队管理得井井有条，成员们也都非常努力，但每到月底，团队的业绩总是不尽如人意，甚至不如其他团队。问题究竟出在哪里呢？

面对这样的疑问，我们首先要审视销售过程中的各个环节。销售人员对有效客户的信息是否掌握得不够深入？是否没有准确找到决策人？然而，很多销售主管的回答往往是：销售人员对客户信息准备得很充分，信心满满地与客户见面，但往往无法真正打动客户，最终无功而返。

这种情况的出现，往往是因为主管忽视了销售过程的精细化管理。销售不仅仅是一个简单的商品交换过程，更是建立人与人之间信任与价值的过程。成功的销售案例背后，往往隐藏着无数次的辛勤付出和细致入微的过程管理。

销售过程的每一步都至关重要。

1. 市场分析

从市场分析开始,我们需要深入了解行业趋势、竞争对手以及目标客户的需求和偏好。只有掌握了这些信息,我们才能制定出切实可行的销售策略,确保产品或服务能够准确满足市场需求。

2. 客户筛选

在潜在客户群体中,我们需要通过细致的分析和判断,筛选出真正有购买意向和购买能力的客户。这要求我们具备敏锐的市场洞察力和判断力,能够准确识别潜在客户的价值。

3. 产品知识

我们需要全面了解自己销售的产品和服务的性能、特点、优势以及竞争对手的同类产品情况。只有这样,在与客户沟通时,我们才能言之有物、自信满满,从而赢得客户的信任和认可。

4. 触达客户

触达客户并建立初步沟通是销售过程中的重要环节。我们需要通过各种渠道和方式,如电话、邮件、社交媒体等,积极与客户取得联系。在沟通过程中,我们需要注重方式和技巧,以友善、专业的态度与客户交流,以赢得客户的好感和信任。

5. 提供样品

通过提供样品,客户可以更直观地了解产品的外观、性能和质量,从而增强购买的信心和意愿。我们需要根据客户的需求和反馈,及时提供样品,并确保样品的品质和真实性。

6. 跟进进度

我们需要密切关注销售进展,及时了解客户的反馈和需求变化,以便调整销售策略和方案。同时，我们还需要定期与客户保持联系，了解客户的购买意向和决策进度，确保销售机会的把握和转化。在销售过程中，客户可能会有各种问题和疑虑。我们需要及时、专业地解答客户的问题，消除客户的疑虑和顾虑。通过解决问题，我们可以赢得客户的信任和满意，为建立长期稳定的合作关系打下坚实基础。

7. 客户的潜在需求

除了满足客户的明确需求外，我们还需要关注客户的潜在需求，通过深入了解客户的业务和市场情况，发现客户可能存在的潜在需求，并提供相应的解决方案。这不仅可以增加销售机会，还可以提升客户的满意度和忠诚度。

8. 情绪价值

提供情绪价值是销售过程中的重要补充。在与客户沟通的过程中，我们需要注重情感交流，通过关心客户、理解客户、尊重客户等方式，提升客户的情感体验。这不仅可以增强客户对我们的信任和认可，还可以为建立长期合作关系提供有力的支持。

当我们做好这些过程时，成功的结果就会自然而然地到来。因为在这个过程中，我们不仅赢得了客户的信任和支持，还建立了长期稳定的合作关系。这些关系的积累和发展，将为我们的销售业绩提供源源不断的动力和支持。

此外，我们还要认识到，过程和结果是相辅相成的。过程是一个长期的量变过程，只有在过程中，我们才能体会到努力的艰辛、对胜利的渴望以及付出后的充实。好的结果一定来自一个有益的过程，只有把过程做好，我们才有可能实现想要的结果。

以国际销售为例，其销售指标的提炼往往涉及目标漏斗的原理。在这个过程中，我们需要在平台上不断更新产品以获得曝光量，通过优化好评数量和占比来吸引更多曝光。接下来，我们需要保证一定的点击率，然后提高询盘转化率，最终获得新客户数。这个过程就是一个目标漏斗的运用。只要我们把前面的过程做足，后面的新客户业绩自然就会产生。

在过去的管理经验中，我们可能经常强调"我只要结果"，但很多时候由于没有对过程的监控，我们想要的结果往往无法实现。如果我们有这些关键的过程维度，无论是做复盘还是做数据分析，都会更有依据。这对于培养员工的成长来说也是非常重要的。

任何事情都需要一个过程，这个过程也是我们成长的一部分。认真对待过程，结果通常不会太差。尽管眼下可能十分艰难，但只要我们坚持下去，日后必定会开花结果。

从人这一生的体验来看，过程确实比结果更重要。因为对于有限的一生来说，得到和失去最终都是虚无的，意义只在于人对全过程的体验。而想要获得更深刻的体验，我们需要积累、见识和平台。这些都需要我们通过努力去获得。

因此，为了拥有更好的体验，我们需要一个又一个阶段性的结果来攀上更新鲜、更广阔的平台。但请注意，只有过程没有结果，我们只能困在原地不动。走得更快、更远，才能看到更美的风景。这里面，有两点会让我们感到幸福：第一是完成路程的成就感；第二是看到风景的喜悦感。

当然，我们也要警惕"过程比结果重要"成为半途而废和浅尝辄止者的借口。为了达到阶段性的结果，我们最应该做的就是静下心来，把过程做好。只有这样，我们才能确保每一步都走得坚实有力，最终获取成功的果实。

过程做扎实，也是一种成果

成果是行为活动的阶段性反馈，好的成果反映出中间过程的成功，它是阶段性的，可以被中止搁浅。也就是说，如果一件事情没有结果，至少你能取得某些成果。成果是对行为的奖励和认可，不论好坏，不论对错，就像寻宝游戏一样，即使没有拿到最终结果，但你做到了某些事，解锁了某些成就，成果在某种意义上就是你达成的成就。

同样，KGP从实际工作关键过程出发，以阶段性、客观工作数据为考核标准，可减少员工面对绩效的防御心理，同时也能加强管理者对达成目标的过程监控，使员工的工作过程更为扎实。企业可以利用一个个成果激励员工的积极性，挖掘员工的潜能，从而实现员工个人价值与企业效益双赢。

俗话说："磨刀不误砍柴工。"一个扎实的过程，往往能够奠定成功的基石。例如，当你的员工是销售人员时，在带领销售人员向既定的美好目标努力前进的时候，你往往会发现销售工作就像去西天取经一样，要经历无数艰难险阻。所以，如果想要取得真经，我们就需要在"取经"的过程中认真走好每天的路，努力打败每一个拦路的"妖怪"，最终才能完成取经任务。

这一过程不仅仅需要员工去努力，管理者也要参与其中，管理者要做的是非常严格和细致地把控过程。在整个销售过程中，管理者会将自己调查客户资料、制订销售方案、讲解产品价值、消除客户隐忧等工作的经验和方法传授给销售人员，加强他们的沟通能力和主动出击的积极性，并严格监督他们执行情况。在这个过程中，管理者几乎要做到事无巨细。这一过程也可以是一种成果。

为了确保过程的坚实性，我们需要从多个方面入手。

首先，制订明确的目标和计划。明确的目标和计划能够帮助我们更加清晰地了解自己要做什么、要达到什么目标以及如何去做。同时，目标和计划也能够为我们提供指导和支持，使我们在过程中不会迷失方向。

其次，学会量化自己的成果。因为可视化的数据能够让我们清晰地知道自己哪里有优势、哪里存在劣势。员工也一样，通过量化来不断地学习和提升自己的能力，才能够更好地应对过程中的挑战和问题。在习得新的知识和技能后，通过量化复盘，员工能够更加熟练地掌握工作的技巧和方法，从而提高过程的效率和质量。

再次，注重管理者和员工的协作和沟通。一个优秀的管理者能够为员工提供合适的资源和支持，同时也能够帮助我们更好地解决问题和应对挑战。在两者的协作中，员工向管理者反馈问题，管理者提出改进意见，二者共同制订和执行计划，才能确保过程的顺利进行。

最后，持续改进和优化工作流程。在过程中不断地发现问题并进行改进，能够帮助我们更加高效地完成任务和目标。同时，通过持续优化工作流程和方法，我们也能够减少浪费和错误，提高过程的稳定性和可靠性。

强调过程的坚实性，并不意味着我们忽视结果的重要性。相反，坚实的过程是对结果的一种更加全面和深入的理解。一个扎实的过程不仅能够为我们带来更好的成果，还能够提升我们的能力和素质，为未来的成功夯实基础。因此，我们应该注重过程的细节和优化，确保每一个步骤都能够得到充分的执行和落实。只有这样，我们才能够在不断挑战自己的过程中实现自我价值的提升和成长。

同时，"强调过程"背后的逻辑是"我会尽最大努力，这便是我的一种成果"。这种积极面对人生的心态，不仅能够帮助我们更加专注于当下的努力与付出，还能够让我们在追求结果的过程中保持平和与从容。因为把过程做扎实，本身就是一种值得骄傲的成就。

实现目标是有路径的，要远离成长"黑箱"

在追求个人成长和职业发展的征途中，每个人都渴望能够顺利抵达自己的目标彼岸。然而，现实往往不尽如人意，许多人发现自己仿佛置身于一个无形的"黑箱"之中，四处碰壁，甚至迷失了前进的方向。

在此，"黑箱"指在实现"X 到 Y"目标的过程中，因缺乏明确指引和成长路径，个体容易陷入盲目、无序的状态。这种状态具体表现为对目标认知模糊、方法匮乏、难以掌控过程以及对结果难以预期。

为了走出这一困境，我们需要找到一条清晰的路径，以指引我们穿越"黑箱"，直达目标。以新销售员工为例，他们初入公司，渴望升职加薪、实现个人成长。此时，管理者应为他们梳理出阶段性目标，引导他们一步步攀登，直至到达目的地。为此，我们引入了目标漏斗这一工具，以帮助员工在实现目标的过程中，精准定位关键过程点，从而远离"黑箱"的困扰。目标漏斗如图 3-2 所示。

目标漏斗实质上是一种逆向思维方法，即从终点出发，逆向构建成长路径。以取得 500 万元业绩目标为例，这一目标并非孤立无援的，而是由一系列子目标共同支撑的。其中，新客户占比尤为关键，它直接关系到业绩的稳定性和可持续性。因此，在设定新客户数目标的同时，我们还需要关注样品单的数量，因为样品单是新客户成交的重要催化剂。

为了获得足够的样品单，我们必须确保潜在客户数量充足，这就

KGP绩效管理法：团队自驱增长新引擎

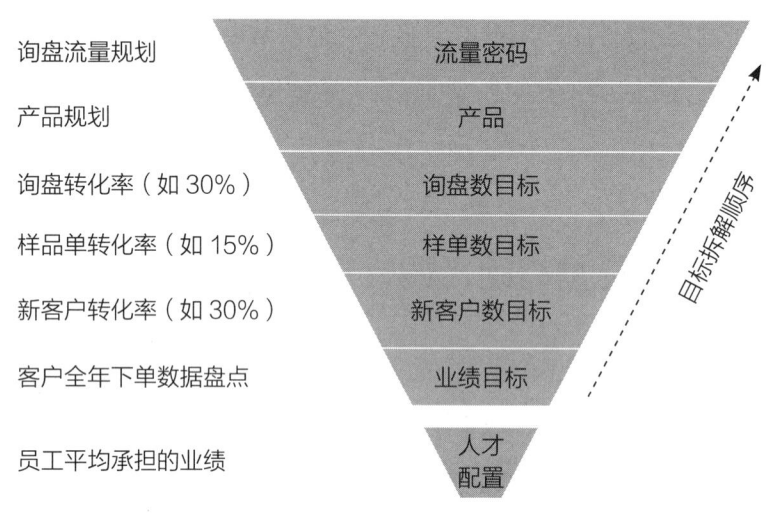

漏斗层级	目标
询盘流量规划	流量密码
产品规划	产品
询盘转化率（如30%）	询盘数目标
样品单转化率（如15%）	样单数目标
新客户转化率（如30%）	新客户数目标
客户全年下单数据盘点	业绩目标
员工平均承担的业绩	人才配置

（目标拆解顺序）

图3-2　新销售员工的阶段性目标

涉及了询盘目标。而询盘目标的达成，又离不开产品优化、流量提升等一系列措施。这就像养鱼一样，只有投入足够的鱼苗，才能最终收获更多的成鱼。

通过不断细化目标漏斗，我们逐渐揭示了公司商业模式、运营模式和业务模式的内在规律。我们明确了新客户转化率、样品单转化率以及询盘转化率等关键指标，从而能够精准地计算出在流量获取上需要投入的资源。

为了拓宽目标漏斗，我们需要不断提升这些转化率。这要求我们不断复盘，在每个关键节点追求卓越，甚至超越目标。每个人的漏斗形状可能各不相同，因此我们需要从自己的漏斗中找出薄弱环节，并有针对性地进行优化。

在具体执行层面，我们需要为每位员工设定明确的业绩目标，并明确业绩的来源，即老客户和新客户的成交占比。新客户是业绩增长的重点方向，因此我们需要确保新客户数目标足够明确，并持续运营以吸引新客户。同时，我们还需要关注如何获得足够的样品单数，这依赖于询盘数的达标。而询盘数的提升，又需要我们在产品、运营、流量购买等方面下功夫。

最终，我们需要为流量、产品、询盘等制定详细的规划，并根据每个岗位的职责，倒推出影响其目标的关键因素，将其设定为具体目标，然后层层推进，从而确保整个目标漏斗的顺畅运行。

在梳理目标路径的过程中，管理者还需要注意以下几点。

1. 期望强度

我们可以将对目标的期望强度理解为对实现目标的欲望程度。欲望越强，实现目标的可能性就越大。我们把期望强度用百分比来设定，有以下几种情况。

（1）当期望强度为0时，目标可能不是他定的，最后目标就很难实现。

（2）当期望强度为25%时，他可能说那个目标是随便说说的，也不愿意付出。如果时间一到，你问他"你的目标有没有完成？"，他可能会说"我说过'要完成'这个话吗？"。这种期望强度下，目标对他来讲仅仅是一个空想。

（3）当期望强度为50%时，他可能有三分钟的热度，遇到困难就很容易退缩，目标十有八九是实现不了的。

（4）当期望强度为75%时，他很想要，但决心不够，"等、靠、要"的思想严重。多数情况下他可能会靠运气成功。

（5）当期望强度为99%时，他非常想要。他的潜意识中只有一丝放弃的念头，一般情况下，目标会达成。

（6）当期望强度为100%时，他一定要做到。他会不惜一切代价，会想方设法寻找成功的方法。正如我们前面所讲的，当期望强度为100%时，相当于他把目标计划当成了使命，这样的目标感是相当强烈的。

实现目标的首个关键路径的核心在于个体的自我驱动力，即个人对目标的深刻认同、内在要求及积极执行态度。当个体在自我意愿层面对目标持有高度认同时，责任感便自然而然地融入其行为之中。这是从目标执行者的主观视角出发，探讨目标达成的重要路径。需要强调的是，这并非空洞的成功学说教，而是基于意识层面的目标导向思维——一种我们常说的"目标导向生活"的实用哲学。

2. 资源盘点

资源盘点是实现目标策略的核心环节，旨在全面审视我们的现有资源及潜在资源。现有资源是我们当前可即时调用的基础，而潜在资源则代表着超越当前状态的拓展能力。

我们要认识到，历史条件并不决定未来潜力，因此资源盘点需被涵盖在合理成本预期下——我们的资源所能触及的范围与领域。若现有资源无法直接覆盖目标区域，企业则需探索扩展覆盖面的策略、途径及手段。营销领域的代理制、资源整合、分销网络等，正是企业在资源未直接覆盖区域中，采用的经济且高效的赢利模式。此外，资源盘点还需细致考量目标执行者的能力状况，确保人力资源与目标需求精准匹配，为目标的顺利实现提供坚实支撑。

3. 目标强度

构建目标强度的首要任务是设定一个高标准的目标。在组织管理中，一项基本指导原则是：对人以正面激励为主，对事则采取批判性审视态度。正面激励人，意味着要充分发挥个体优势，规避其短处；而批判性审视事情，则要求对工作设定高标准，确保任务富有挑战性，旨在实现非凡成就。此处的非凡成就，正体现了高目标的要求。当目标设定超出个体常规承受力时，能够激发其好奇心，使其将目标导向的工作态度与创新潜能紧密相连。

目标强度的第二个维度是聚焦目标，即明确核心目标，在制定与执行目标的过程中，需保持目标的集中性。每位责任者的核心目标应控制在 3 ~ 5 个，确保责任者精力集中。这遵循了目标聚焦原则，即将主要精力投入最关键的事务上。

第三个要求是设定时间框架内的目标，即构建长期与短期目标的平衡。长远目标的设定至关重要。正如俗语所言："人无远虑，必有近忧。"长远目标能赋予我们更多信心与愿景，使我们不被短期挑战所困扰。事实上，设定如 10 年这样的长期目标，几乎能让我们实现任何愿景；相比之下，1 年内人们往往难以达成重大突破。

我们反复强调目标强度的三大要素——高标准、聚焦与时间框架内的规划，旨在提醒管理者重视目标设定的质量。管理者不仅要有短期目标，更要平衡考虑短期目标与长期目标，应在目标设定阶段投入足够精力，制定出恰当的目标及评价标准。这样可极大减少绩效评估时的争议，使绩效考核工作更加简洁高效。

面对诸如"销售人员业绩优秀但常迟到，应如何评价？"的疑问，要事先明确目标与标准，而非在评价时才临时制定标准。

4. 万能公式：PDCA

PDCA 循环，即计划（Plan）、执行（Do）、检查（Check）、处理（Act），这一工作方法在目标制定与实现过程中扮演着核心角色。这一循环不仅是目标管理与绩效管理的基石，更是对管理工作流程的高度概括。实施 PDCA 管理，实质上就是践行目标管理的过程。

在 PDCA 循环中，计划阶段尤为关键。计划管理作为管理的基本方法和模式，是管理活动得以顺利展开的前提。缺乏有效的计划管理，管理活动将难以有序进行。计划的具体内容通常涵盖 5W1H 原则：明确目标（What），即具体要做什么；理解目的（Why），即为

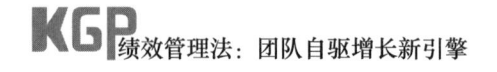

何要做这件事；设定时间（When），即何时开始与完成；确定地点（Where），即在哪里执行；分配任务（Who），即由谁负责执行；规划方法（How），即如何高效实施。

通过遵循5W1H原则制订计划，管理者能够确保目标的明确性、可行性与可衡量性，为后续的执行、检查与处理阶段奠定坚实基础，从而推动PDCA循环的顺畅运行，实现目标管理的持续优化与提升。

5. 目标竞赛

在体育竞技中，成绩测量是激发动力、明确优势与差距的关键。同样，在目标管理中，记录完成情况至关重要。数字记录能激发个体持续改进的意愿，因此，目标管理必须伴随详尽的记录。当员工在企业中服务两三年，其目标与绩效记录便构成了职业发展的轨迹，改进这些记录成为自然且必要的追求。

此外，公开目标完成情况及绩效结果，能够促使员工在比较中发现自身优势，同时识别存在的差距。这种客观反馈机制，不仅是员工成长的另一种总结方式，也为后续目标规划与绩效提升提供了宝贵的经验积累。人们的能力往往是在不断总结经验中得以提升的。

通过实施目标对比与竞争机制，我们不仅能够激发员工的内在动力，还能促进团队内部的良性竞争，共同推动组织向更高目标迈进。这种机制鼓励员工正视挑战，勇于超越自我，从而在不断地比较与学习中实现个人与组织的共同成长。

目标很重要，但"现在如何做"更重要

德国物理学家鲁道夫·克劳修斯（Rudolf Julius Emanuel Clausius）

提出的"熵增定律"揭示了系统内部混乱度逐渐增大的自然现象。在孤立系统中，系统倾向于从有序向无序发展，熵值随之增加，直至系统达到最大熵状态，即完全无序或寂灭。熵增意味着有效能量的递减，从某种角度看，环境污染正是熵增的一个直观体现。

企业同样面临着"熵增定律"的挑战，表现为企业活力下降、管理混乱，这主要由外部环境的挑战和内部管理的懈怠两大因素共同导致。如图 3-3 所示，内部懈怠问题尤为突出，目标不明确、执行力缺失，导致责任悬空，无人担当。人们常说："知责方能思为。""知责"即明确自身职责与目标，"思为"则是持续反思并优化自身行为。中小企业要实现"熵减"，不仅要有清晰的目标设定，更需具备强大的执行力。

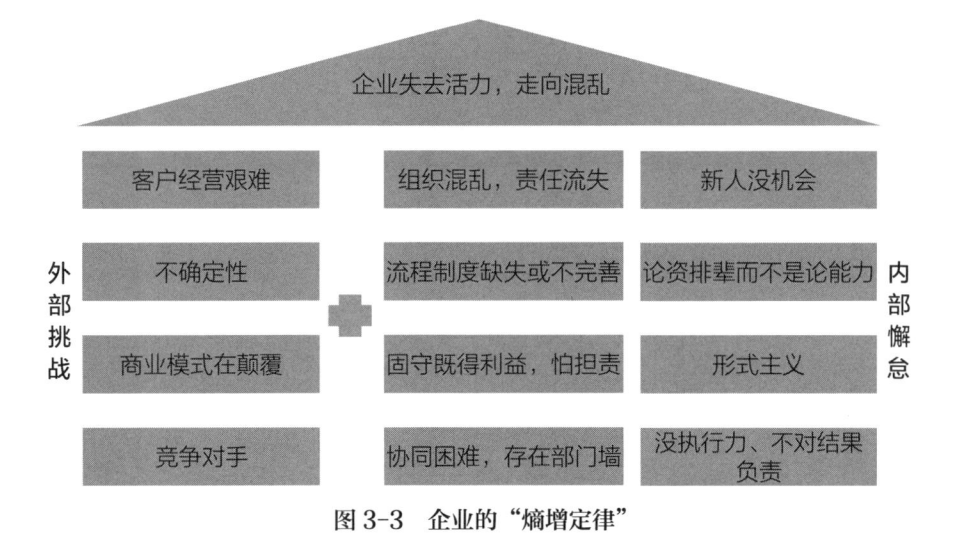

图 3-3 企业的"熵增定律"

以电商公司为例，业务、运营、美工等岗位间常因目标和执行力缺失而相互吐槽，如业务抱怨垃圾询盘多、运营不力，运营则指责业务接单能力不足，美工则因业务沟通不清而难以创作出优质作品。这些现象的背后，均指向了目标和执行力的双重缺失。

若将企业比作划龙舟比赛，要快速抵达终点，关键在于"上下同欲"；而要实现"上下同欲"，就需依托有效的目标管理。目标管理包含四个核心要素：目标的可行性、目标可被有效分解、目标的标准明确、目标可被跟踪与过程管理。

首先，目标的可行性需遵循 SMART 原则，即具体（Specific）、可衡量（Measurable）、可达成（Achievable）、相关性（Relevant）、时限性（Time-based）。设定目标时，企业应依据 SMART 原则进行可行性分析。

其次，目标可被有效分解。目标需条理清晰、表述明确，涵盖具体实施过程的每个要素，包括具体目标、结果标准、责任人和完成时限。同时，为应对不确定性，企业还需制订备用计划（如 Plan B、Plan C 等），这离不开目标跟踪与检核的支持。分解目标可采用 5W2H 工具，如表 3-1 所示，以确保目标可被有效分解。

表 3-1　5W2H 工具

5W2H	内容
What	做什么？事项清单？
Why	为什么做？目的是？
Who	谁去做？联系谁？
Where	何地做？
When	何时做？何时完成？
How	怎么做？实施什么战术？
How much	所需资源？需要多大代价？

再次，目标的标准要明确。企业在设定目标时，常会出现目标描述模糊、缺乏具体验收标准等问题。明确的目标应描述如何验收成果，

而非实施方案。因此，在定义目标的标准时，企业需根据实施方案的验收标准来设定，确保目标清晰、具体。如表 3-2 所示，良好的目标描述应明确、具体，具有可衡量性。

表 3-2　目标描述比较

比较好的目标描述	比较差的目标描述
• 8 小时内回答客户问题 • 第一季度 20% 的时间用于测试设计 • 减少 10% 的预算 • 应于 2025 年使本公司在国内的市场占有率提升至 35%	• 对待客户表现专业 • 加深对产品/公司的了解 • 把部门固定花费控制在预算之内 • 大幅度提高本公司产品的市场占有率

最后，目标可被跟踪与过程管理。目标实现的关键在于实施过程中的有效跟踪与检核。企业需记录目标完成情况，分析遇到的问题，评估目标难度与积极作用。面对阻碍时，企业需学会目标再分解，逐一击破。定期复盘有助于快速实现目标，企业可通过深入分析过程与策略，发现不足，总结更合适的方法，提升整体效能。

目标与执行力相辅相成，缺一不可。执行力是将计划转化为目标成果的核心能力，它告诉我们"现在如何做"。提升执行力，需从过程和绩效两方面入手。过程管理旨在培养具有执行力的员工，而绩效管理则旨在构建具有执行力的体系。

培养有执行力的员工

企业的稳健前行离不开两个关键点：一是方向的基本正确；二是组织的持续活力。执行力正是组织能力的核心构成，它决定了团队在复杂多变的环境中，能否有效应对各种挑战，顺利达成既定目标。

执行力分为团队执行力与员工执行力两个层面，本文重点聚焦于员工执行力的培养与提升。对员工而言，执行力即高效完成任务的能力。员工若能按时、保质、保量地完成职责范围内的各项工作，通过不断优化工作流程和提升工作效率，便能实现个人工作能力的持续飞跃。那么，在培养或提升员工执行力时，企业应关注哪些核心要点呢？

1. 全面责任担当

全面责任担当意味着员工需对自己的工作结果负全责。无论是内部因素还是外部条件，凡是影响工作成果的因素，都应视为员工需要解决的问题。只有当每位员工都能以"我的工作我负责"的态度去达成目标时，管理方法才能发挥最大效用。员工应忠于职守，主动承担，认同"企业兴衰，人人有责"的价值观，从而对客户价值、公司成长乃至个人命运承担起全面责任。

2. 个人价值导向

福特汽车公司的建立者亨利·福特曾说："我需要的只是一双手，但他们却带着一个脑袋。"在组织管理不断演进的过程中，新生代员工渴望更多参与组织目标的实现，他们拥有独立思考能力，在关键时刻能做出正确决策。因此，分配任务时，相较于空谈目标，企业更应强调"如何行动"的实操性，以激发员工的个人价值导向，鼓励他们为实现组织目标贡献力量。

3. 结果导向思维

结果导向思维是一种将能力和行动转化为实际价值的思维方式。例如，沟通不仅是过程，达成共识才是目标。若沟通无果，对他人而言，等同于未行动。结果导向思维强调交付价值，如领导要求组织会议时，不同思维层次的员工会有不同表现。

- 无结果思维者仅发送通知，不考虑实际参会情况。
- 一级结果思维者会预订会议室，确保会议按时召开。
- 二级结果思维者除上述外，还会准备议程和资料，促进会议高效进行。
- 三级结果思维者则更进一步，会引导讨论，形成会议记录并广泛传播，确保会议成果得以交付。
- 真正的高手会追踪至问题解决，这是领导者应有的行事方式。

4.以客户价值为中心

客户价值为中心意味着以满足客户需求、超越客户期望为最终目标。企业应警惕内部"形式主义"，避免员工仅关注领导满意而忽视客户感受。当前企业间的竞争实质上是客户资源的争夺，公司发展的关键在于理解并解决客户需求。因此，培养客户价值思维，需深入理解客户需求，思考如何为客户提供价值、解决难题，实现客户与公司的双赢。这背后的核心逻辑是：任何岗位的价值都体现在解决客户问题上。

打造有执行力的体系

企业的成功不能仅凭个别能人的努力、几条简单的规定或一时的热情冲动。这样的做法或许能侥幸取得短期成果，但无法实现持续的成功。真正的执行力并不会依赖"个人英雄"或宏伟的使命，而是需要依靠一个完善的执行力体系来支撑。

1.执行管理闭环的构建

执行管理闭环是指运用科学的管理工具和方法，明确管理思路，建立起一个清晰的闭环系统。这个系统以"人才成长"为核心，涵盖培训赋能、过程监控、复盘总结、能力提升等多个环节，旨在将个人的成长转化为自我驱动的内生力量，从而实现个人价值与企业效益的双赢。

具体而言，这包括战略部署的精准性、职位职级的合理性、人才结构的优化、管理场景的适应性、企业大学的实用性、激励体系的科学性、文化建设的凝聚力和发展空间的前瞻性等八个关键方面。这些内容将在后续结合 KGP 理论进行详尽阐述。

2. 绩效体系的优化

虽然"多劳多得"是普遍原则，但固定薪酬的调节空间有限，因此需要绩效体系来补充和完善。绩效体系是人力资源体系中最为复杂和灵活的部分，其设计需兼顾指标的多样性和灵活性。一套科学、合理的绩效体系能够让员工清晰地了解自己的工作内容和重点，同时也为公司提供了客观评价员工差异的基准。制定出一套可行的绩效体系对于企业至关重要，因为一旦体系搭建者离职，后续的运行和优化将面临诸多挑战。

3. 激励体系的多元化

激励体系狭义上包括提成、奖金等直接物质激励。构建激励体系应着眼于未来利益，尤其是随着新生代员工逐渐成为人力资源的主体。传统的薪酬激励方式已难以满足新生代员工的期望和要求，难以激发他们的内在潜能和价值创造能力，例如，激励手段过于单一、激励过程缺乏员工互动参与、绩效考核滞后导致激励不及时或失效等问题。

对于新生代员工而言，激励不再仅仅局限于"钱"，企业需要构建一个全面的激励体系。这个体系既要包括物质激励，也要包括非物质激励，如满足员工对爱、尊重和自我实现的需求。根据这些需求，企业应补充多元化的激励方法，以确保激励的及时性和有效性。例如，通过设立员工表彰机制、提供职业发展机会、加强团队协作和沟通等方式，激发员工的积极性和创造力，实现个人与企业的共同发展。

实现管理系统的闭环

前文我们提及的管理闭环，是我们公司团队基于十数年的咨询实战经验提炼并将其标准化，形成了一套针对企业的全方位管理系统。此系统涵盖八大核心要素，借助这一系统，企业能够更有效地实施管理。管理闭环系统如图 3-4 所示。

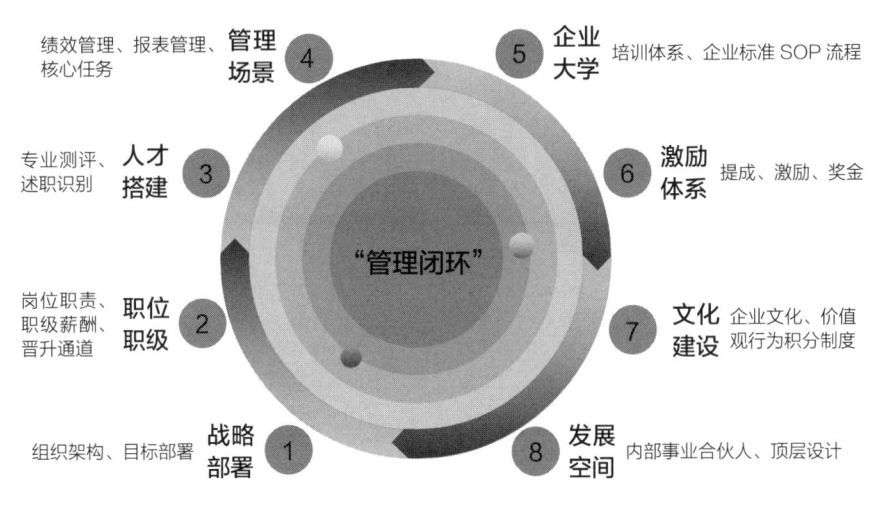

图 3-4 管理闭环系统

公司若希望员工能充分发挥其潜能，或留住有能力的人才并激发其做更多贡献，就必须构建一个完善的管理闭环。缺乏管理闭环，人才的潜力将被埋没，无法得到有效释放。

例如，我们可能发现某位员工极具潜力，但其表现却不尽如人意；

公司每年的增长率看似可观,达到百分之二三十,但实际上,其潜在的增长空间可能高达百分之五六十。造成这种"隐性损失"的根源,往往在于管理闭环的缺失。这种损失往往难以被察觉,因此更加令人担忧。

那么,管理闭环究竟是什么呢?接下来,我们将对其进行详细剖析。

第一,公司成立后,首要任务是进行战略部署。战略部署旨在实现突破性目标,追求卓越的绩效表现。它是一个系统性的流程,涉及新产品开发、市场定位、资源配置等多个方面。以新产品开发为例,我们需要明确新产品所需的"核心要素"、如何构建生产体系,以确保新产品的顺利推出。战略部署是组织架构搭建的基础,薪酬体系、岗位配置、人才画像、岗位职责、职位职级以及晋升通道等,都需要与战略部署紧密契合。当员工加入公司时,他们能清晰地看到自己的职业路径和发展方向,从而全身心地投入工作。

第二,企业需要掌握一套科学的人才识别工具。人才测评并非简单的性格测试,而是要根据岗位需求,评估员工的能力、状态和潜力。性格测试只能揭示一个人的性格特征,而无法判断其是否适合某个具体岗位。

第三,人才成长离不开实践场景的锻炼。如果公司未能为员工创造实践机会,那么他们的管理能力将难以形成。实践场景包括但不限于招聘、解雇、项目管理等。例如,解雇员工通常是一项棘手的任务,人力资源(HR)部门应全权负责,以锻炼其管理能力。此外,报表管理也是重要的实践场景之一,通过数据监控和评估,员工可以清晰地了解自己的成长轨迹,为后续的改进提供依据。

第四,核心任务是企业管理中的重中之重。这些任务通常需要花费较长时间和精力来完成，对于公司和团队而言具有至关重要的意义。核心任务应与关键绩效指标挂钩，以确保在实现目标的过程中不偏离方向。例如，标准化作业流程（SOP）搭建工作虽然不是日常任务，但将其作为核心任务来对待，可以确保其得到充分的重视和投入。

第五，为了将上述管理动作规范化，企业需要建立"企业大学"培训体系。与碎片化培训相比，"企业大学"能够为员工提供更加系统、全面的学习机会。通过"全日制"的培训模式，员工可以更加深入地接触和掌握知识与技术，从而获得更高的成长价值。

第六，激励体系是企业管理中的重要组成部分。激励通常与绩效挂钩，包括提成、奖金等奖励措施。这些激励措施旨在激发员工的积极性和创造力，鼓励他们为企业做出更多贡献。对于新生代员工而言，他们更加注重参与感、获得感和成就感。因此，管理者需要创造这些感觉，让员工不断感受到自己的价值和重要性。同时，在构建激励体系时，企业需要注意分配方式的多样性和与外部市场的均衡性，以确保激励机制的公平性和有效性。

第七，企业文化是战略部署中的价值认同。在完善前六个步骤后，企业需要加强员工的忠诚度建设。通过构建与战略部署相契合的企业文化，企业可以形成独特的价值观和行为准则。例如，强调"多能多得"的价值观可以激发员工的积极性和创造力，促进企业的发展。同时，企业文化需要与岗位设计、激励政策、员工发展等多个方面紧密相连，形成一套可验证的"行动计划"，以确保企业文化的有效落地。

第八，确保员工享有充分的发展空间。这一步是前述各环节的集大成者，考核评估、专业培训、有效激励，直至个人职业发展，每一步都坚实地铺就了人才的成长之路，确保他们享有充分的发展空间。

对于非创业者而言，职业生涯的巅峰往往意味着成为公司的事业合伙人或股东，这自然引申出顶层设计的重要性。顶层设计作为设定最高标准的框架，为发展路径提供了明确的指标和方向。它不仅是目标的蓝图，更是行动的指南。遗憾的是，多数人因缺乏明确的标准而迷失方向，难以做出明智的选择。因此，公司高层需明确列出员工发展的核心要素，确立实现这些要素的最高标准，并清晰地描绘出员工的成长路径。这不仅可以为员工指明发展方向，还可以赋予他们真正的发展空间。

　　管理闭环的构建正是围绕这些关键环节展开的，但实现这一闭环并不能一蹴而就。它需要持续的反思、无数次的调整与优化，以及不断的学习与改进。每一步都至关重要，不可或缺，共同构成了这一完整而有力的管理体系。

第四章

KGP 绩效的导入

从客观评价开始

在日常工作中，我们常挂在嘴边的"对事不对人"原则，在实践中往往难以纯粹实现。评价一件事，总不可避免地交织着客观事实与主观判断。主观评价本身并无绝对的对错，而在于其适用性与合理性。那么，我们如何界定评价的正确性？这往往取决于话语的权威性和影响力。权威评价自带力量，当两种观点相左时，决定胜负的往往不是评价本身是否合理，而是评价者的地位是否权威。

然而，人际交往中的主观评价难以避免，人的判断总是带有一定的主观色彩。即便在自然科学领域，研究者已经在力求排除主观性，但实际上也难以完全做到。因此，我们提倡的"摒弃主观评价"，并非要完全消除主观因素，而是在评价过程中尽量保持客观，避免过度主观化。那么，如何界定主观评价的合理范围？我们首先要了解一个词——"职场PUA"。

PUA原指"搭讪艺术家"，后泛指通过言语打压、行为否定等方式对他人进行情感控制的行为。职场PUA则指在职场中，一方通过类似手段对另一方进行自我价值的否定或控制。在职场评价中，评价者往往凭借权威性对被评价者进行主观判断，这种判断往往带有PUA的意味。

新生代员工对职场PUA保持高度警惕，他们反感随意的主观评价，认为这剥夺了他们的自我价值判断权。在绩效评价体系中，如果管理者的评价与个人价值和工作表现紧密绑定，可能会引发员工的负面情绪。员工希望自己的工作成果能够通过客观标准来衡量，而非依赖他人的主观评价。

根据智联招聘的《2021年Z世代①职场现状与趋势调研报告》，Z世代员工更注重自我成长和自我实现。他们希望在职场中拥有话语权，摒弃分工明确的"固化职场"。这种求职期待表明，员工期望在职场上建立平等关系，尊重彼此的个人价值和工作成果，并通过客观数据等方式呈现工作价值。

主观评价往往导致绩效体系可信度下降。人们容易对他人行为做出主观判断，并据此表达态度和采取行动。但基于不准确判断的行动和态度可能会恶化人际关系，降低团队效能。因此，管理者应注重事实，摒弃主观评价，以更客观的态度看待事物，对人更包容，处理事情更合宜。

为实现这一目标，管理者在绩效设置过程中需加强以下方面：

首先，要明确区分"事实"与"判断"。例如，在筹备线下活动时，员工提出修改活动主题，反对意见之一是"不能太任性"，这是主观判断；而反对意见之二"海报已经印刷，修改会很麻烦"则是基于事实的判断。面对客观事实，我们应保持冷静，避免产生主观情绪。

其次，管理者应理解人的多元化性格及行为特征。由于每个人的主导心理模式不同，我们容易根据自己的思维模式投射和分析他人的行为及动机。但实际上，他人的真实情况可能与我们的预期完全不同。因此，管理者应只说事实，少说主观评价，尤其要避免贬损性主观评价。

在绩效考核中，管理者应向员工展示客观事实和数据成果，确保

---

① 又称"网络世代"或"互联网世代"，通常指1995年至2009年出生的一代人。——编者注

评价过程的公开化和透明化。这样员工才能明确自己的工作目标和考核标准，从而心悦诚服地接受绩效考核结果。同时，这也能让员工相信管理者可以真正做到"对事不对人"，从而建立更加信任和谐的职场关系。

筛选关键过程

小王在网上刷视频，视频内容说"免费关注……就能领钱"。一开始，小王照着做，赚了几十块。他又继续做了几个任务，组织者就让他们下载一个App，然后，对话的场景就从微信里转移到了这个App里。小王按照群里所谓的"导师"指导，使用该App充值做任务，以获得高额回报。之后，该App再以受害人风控管理、综合评分过低、缴纳验资贷款等为由，诱骗小王充值，实施诈骗。

这个过程就叫作目标漏斗。关于目标漏斗，我们在第三章已有提及。目标漏斗是一种通过逐步筛选和聚焦，最终达成目标的过程。它类似于一个漏斗，将广泛的潜在客户或机会逐步缩小，直至筛选出最符合目标要求的关键对象。在诈骗案例中，不法分子利用目标漏斗的原理，通过一系列精心设计的步骤，逐步诱骗受害者上当。当然，在正当的商业环境中，我们可以借鉴这一原理，用于筛选关键过程，提升业务效率。

以销售漏斗目标流程为例，我们可以清晰地看到目标漏斗如何运作。销售漏斗的核心目的是将潜在客户转化为已成交客户。为实现这一目标，我们需要将总目标拆解为一系列分目标，形成销售漏斗的各个层级。这些层级包括需求分析、价值说明、确定决策者、达成商务谈判和达成交易等关键过程。

第一步：销售漏斗目标流程

销售漏斗本身也是一种分阶段的管理工具，既然我们要将客户从漏斗最上面转到漏斗最下面，那么我们可以将目标拆解成"分目标"，如表 4-1 所示。

表 4-1 销售漏斗目标流程

目标	过程
总目标	与某某建立交易合作
目标 1	完成销售漏斗第一层：需求分析
目标 2	完成销售漏斗第二层：完成价值说明
目标 3	完成销售漏斗第三层：确定决策者
目标 4	完成销售漏斗第四层：达成商务谈判
目标 5	完成销售漏斗第五层：达成交易

在列出这些目标后，有人可能会感到困惑，为何它们与销售漏斗的结构不尽相同，特别是缺少了销售漏斗顶端的"发掘潜在客户"环节。事实上，既然我们的总体目标是以客户为中心的，那么在设定目标之初，潜在客户的发掘工作已经隐含其中，否则我们无从得知这些客户的存在。

这里需要明确的是，目标管理侧重于如何达成目标，而传统的销售漏斗管理则更关注于销售进度的跟踪。然而，这两者并不矛盾，而是相辅相成的。如果将销售漏斗比作一个向上的楼梯，最底端的阶梯代表"发掘潜在客户"，而最顶端的阶梯则代表"达成合作"。从销售漏斗管理的视角来看，我们可以清晰地了解到各个客户目前所处的楼梯位置，这是对整体销售状况的全面了解和跟进。

而目标管理的方法,则是为了实现对每个客户的精准跟踪,并探索如何促使客户从楼梯的最低端一步步迈向最高端。现在,我们想要知道如何引导客户一步步走上楼梯,即每一步该如何迈进,这就需要我们深入探讨第二步的内容。

第二步:填充漏斗每一层的工作

要实现销售结果的话,我们就必须采取行动,在漏斗的不同阶段做不同的事情。我们要把这些事情代入目标管理。那么以"目标1的完成销售漏斗第一层:需求分析"为例,在这个目标下列出这里要做的事情,如表4-2所示。

表4-2 销售漏斗第一层

目标	过程
目标1	完成销售漏斗第一层:需求分析
目标1-1	电话拜访客户
目标1-2	了解目标痛点
目标1-3	了解各部门团队规则
目标1-4	预估交易额

无论何种目标,其实现路径都遵循着相似的逻辑。每个公司的具体情况有所不同,关键要明确实际需执行的工作,识别出其中的关键过程,并予以重点关注。

将目标漏斗转化为漏斗模型,可以细致地将整个销售流程拆解为多个步骤,并利用转化率这一关键指标来衡量每一步的业绩表现。通过深入分析转化率数据,我们能够识别出表现异常的环节,进而定位问题所在,并有针对性地进行优化,以提升整体的购买转化率。

以产品的用户行为分析为例,这一过程通常遵循AARRR模型,即获客（Acquisition）、激活（Activation）、留存（Retention）、购买（Revenue）与推荐（Referral）五个步骤。这五个步骤构成了一个漏斗形状，每个步骤都会伴随着用户的流失，因为实现100%的转化几乎是不可能的。漏斗模型形象地展示了流量从上至下的沉淀过程。最顶层的流量最大，随着流程的推进，每一层都会流失一部分用户，直至最终沉淀为带来营业收入的忠实用户。

为了提升整体业绩，我们需要精确识别出这五个步骤中哪一个环节的用户流失最为严重，并采取措施填补这一缺口。通过量化每一步的转化率，并持续监控各步骤的转化效率，我们能够迅速锁定流失环节，从而制定有针对性的优化策略。

漏斗模型的应用远不止于网站和App用户行为分析的流量监控、电商行业及零售领域的购买转化率分析。它同样适用于梳理和分析不同业务的流程，如新品上市流程、产品交付流程以及员工招聘流程等。通过漏斗模型，我们能够准确找出业务流程中的症结所在，并有针对性地提出解决方案。

接下来，我们将通过两个具体案例，进一步探讨漏斗模型在不同场景下的应用与分析。

案例1：门店业绩增长

假设你经营着一家服装店，近期业绩不佳，月销量寥寥无几。面对这一困境，你决定深入剖析问题根源，于是采用了漏斗模型来拆解并优化卖衣服的整个业务流程。漏斗模型如图4-1所示，该图为你提供了一个清晰的视角来审视销售过程中的各个环节。

通过漏斗模型的分析，你识别出影响服装销量的四个核心数据指标：路过店铺的人数、进店人数、对衣服感兴趣的人数以及最终购买

图 4-1　卖衣服漏斗模型

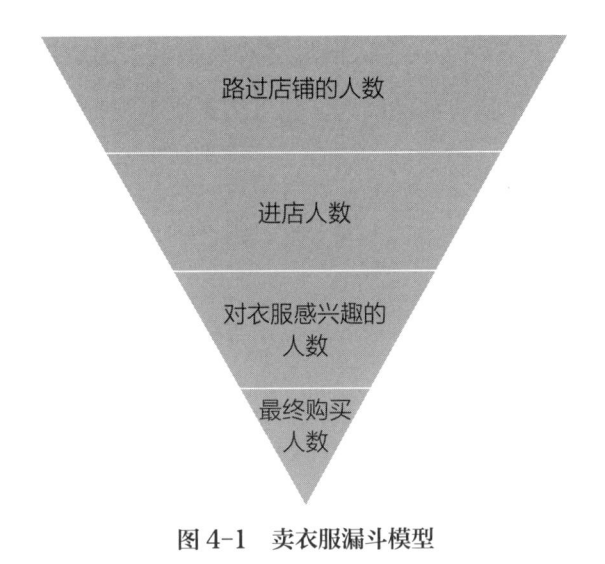

人数。这些指标之间的转化关系构成了评估销售效率的关键。

- 进店率 = 进店人数 / 路过店铺的人数 ×100%
- 询问率 = 对衣服感兴趣的人数 / 进店人数 ×100%
- 购买转化率 = 最终购买人数 / 对衣服感兴趣的人数 ×100%

在拆解完销售流程并明确了这些关键指标后，你可以开始收集并分析每个节点的数据，以便精准施策。

如果进店人数寥寥无几，这通常意味着客流量不足。对此，你需要加大营销力度，提升店铺的知名度和曝光率，比如通过社交媒体宣传、线下活动等方式吸引更多潜在顾客。

若进店人数多但试衣意愿低，即兴趣转化率不高，这往往是因为商品款式、陈列或店铺环境未能有效吸引顾客。此时，你应考虑更新服装品类和款式，优化陈列布局，以提升顾客购物体验、增强商品的吸引力。

当店铺内试衣顾客众多，但最终购买率低下时，这通常指向价格、服务或顾客体验方面的问题。你可能需要审视价格策略，确保其符合目标顾客群的消费预期；同时，你要优化服务流程，提升服务质量，如提供个性化搭配建议、增强售后服务等，以提高顾客的购买意愿和满意度。

借助漏斗模型，你能够精准定位销售过程中的薄弱环节，并采取有针对性的优化措施。这不仅有助于提升销售业绩，还能增强顾客满意度和忠诚度，为店铺的长期发展奠定坚实基础。

案例2：员工招聘管理

员工招聘的漏斗模型清晰地描绘了企业招募新人才的整个流程链，该模型涵盖简历筛选、邀约到访、面试甄选（包括初试与复试）、录用通知发放及入职报到这五个核心环节，形成了一个直观的招聘漏斗，如图4-2所示。

通过深入分析招聘漏斗模型，我们可以识别出影响招聘效率的关

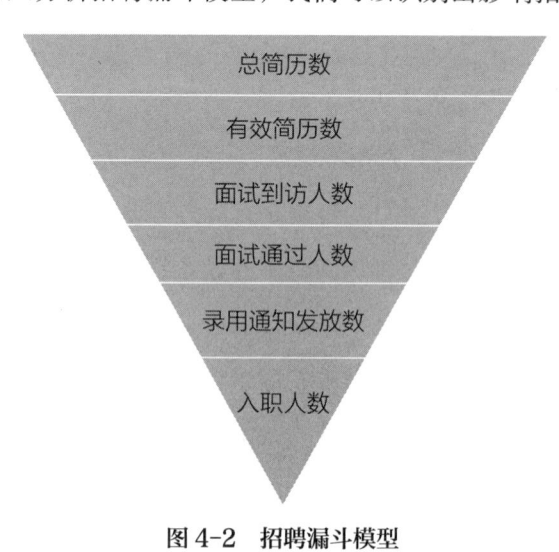

图 4-2 招聘漏斗模型

键数据指标，共计六个：总简历数、有效简历数、面试到访人数、面试通过人数、录用通知发放数以及入职人数。这些数据之间的关联性可通过以下公式体现：

- 有效简历率＝有效简历数／总简历数×100%
- 面试到访率＝面试到访人数／面试邀约人数×100%
- 面试通过率＝面试通过人数／面试到访人数×100%
- 录用通知发放率＝录用通知发放数／面试通过人数×100%
- 入职率＝入职人数／录用通知发放数×100%

针对招聘流程中的各个步骤，我们应细致分析各环节的转化率，特别是那些转化率偏低的环节，深入挖掘其背后的原因，并据此制定有针对性的改进措施。

漏斗模型不仅是一个分析工具，更是一种战略思维，它可以帮助我们识别业务流程中的瓶颈与短板。通过数据的监测与分析，我们能够基于实证做出更加精准的决策，集中资源和精力于关键领域，从而有效提升整体招聘效率与质量。值得注意的是，漏斗分析的有效性高度依赖于数据的准确性和完整性，因此，建立可靠的数据采集与监控机制至关重要。

搭建关键成长路径

在上一节中，我们已经完成了对"关键过程"的筛选工作，接下来的核心任务是将这些"关键过程"转化为既直观又便于执行的人才成长路径。这正是 KGP 理论的核心要义所在。在当今这个竞争日趋白热化的商业环境中，企业的持续发展不再仅仅依赖于资本的注入或技术的突破，更为关键的是全体员工的协同努力与持续成长。企业若谋求长远发展，就必须将员工视为最宝贵的核心资产，为员工设定明确的目标，并铺设出清晰的关键成长路径。只有与员工携手并进、共同成长，企业才能实现与员工的良性互动与共赢发展。

第一步：明确员工的职业发展目标

成功的职业生涯起步于确立清晰的目标，管理者应当通过深入的一对一交流，并结合问卷调查，协助员工审视并明确自身的职业志向。在此基础上，企业应为团队成员确立具体的职业发展目标，能够使他们更有效地规划个人的职业轨迹。这一过程的关键评估要素如表 4-3 所示。通过这些措施，员工能够更加精准地定位自己的职业发展方向，为长远的职业成功奠定坚实基础。

表 4-3 职业发展评估表

评估内容	评估目的	评估作用
职业化素养	了解员工的基础职业素养	用于评估员工是否需要在职业化方面加强培养
基础专业能力	了解员工的基础专业能力	用于评估员工是否需要在基础专业能力方面加强培养，以明确后续培养计划的重点
员工优劣势评估	了解员工能力情况，即擅长哪类事情，不擅长哪类事情	用于了解员工能力，评估员工适合做哪方面的工作，避免分配给员工不擅长的工作而造成资源与业务错配，最终目的是激发员工自身对业务的兴趣、认可和价值感

续表

评估内容	评估目的	评估作用
员工潜力评估	了解员工成长意愿、员工未来成长空间、员工未来突破现有瓶颈的可能性	用于判断员工是否值得培养、确定培养该员工需要投入多少精力
员工认知能力评估	了解员工对工作中常遇到的事物的看法和决策偏好	用于评估员工当前阶段在认知层面是否需要提升

第二步：结合调研情况，明确员工的方向选择

员工没有职业发展方向的思考，这很正常。管理者的职责在于发掘员工的潜能，并通过与员工有效沟通，促使员工快速投入工作，找到最适合其发展的道路。下面以 HR 岗位为例进行说明。

HR 的岗位通常涵盖四大类角色，包括 HRBP（Business partner，业务合作伙伴）、HR COE（Center of Expertise/Excellence，专家中心）、HR SSC（Shared Service Center，共享中心）以及第三方服务公司的咨询顾问、猎头或 HR 自由职业者。

这四种不同类型的岗位，都可以成为 HR 的职业发展选项。正所谓"条条大路通罗马"，每一类 HR 岗位都可细分为三个职业发展阶段：

首先是初级阶段，该阶段要求 HR 具备基本的职业素养和专业能力，主要处理事务性工作。其次，随着经验的积累，HR 将成长为中层骨干。在这一阶段，HRBP 的角色将从处理基础事务转变成为业务部门提供支持，而 COE 或 SSC 的岗位则将成为专业领域的核心力量，这些 HR 可能担任管理团队的职位，也可能成为某一专业模块的专家。最后，若员工具备较强的认知能力和管理潜力，他们将继续向高层管理岗位或高级专业岗位发展，并有机会成为 HR 团队的领军人物，如

首席人力资源官（CHRO），或成为外部 HR 咨询公司的首席顾问或合伙人。员工能否达到某一层次，与其个人能力、机遇、人脉、兴趣及努力程度等因素密切相关。

在明确职业发展方向时，企业还需注意特殊情况。由于某些岗位对员工的要求极高，因此员工需根据自身能力评估自己是否具备必要的前提条件。以研发团队为例，选择职业发展方向的主体是研发人员，而非综合业务团队。因此，无论是选择"深入业务"还是"综合管理"方向，都离不开专业技术能力的支撑。表 4-4 详细列出了不同职业方向的特点和要求。

表 4-4 员工职业发展方向选择

职业方向	特点	要求
纯技术方向	面对的问题维度聚焦于技术领域，问题多数来源于业务发展过程，对技术深度有较高要求	掌握对应的专业知识，能够潜心研究技术疑难问题，需要较高的专注力
业务方向	面对的问题维度多，对人员综合能力要求高，与人协作占比大，对业务理解能力有较高要求	在对技术能力有要求的同时更强调综合能力，在专业技术做好的基础上，愿意与人在非技术领域相关工作中开展深入协作，同时掌握看清事物本质的能力，掌握将业务抽象为技术体系语言、模型的方法论
综合管理方向	在技术、业务维度之上，新增了团队管理维度，并且为团队发展方向（即做什么业务、做到什么程度、怎么做）负责	在具备技术能力、业务能力的基础上，能够履行组织赋予管理者角色的工作职责，协作模式更复杂，对上、对下、对平级、对上下游都需要有能力来较好地完成对应场景的协作工作，能释放成员的成长潜力，提升员工的工作产出价值

第三步：构建员工能力模型

明确个人职业发展路线，只是走出了"万里长征"的第一步，接下来的每个阶段，员工应该如何成长，仍然是未知的，需要理清楚。所以管理者要帮助员工完成他自己的个人能力模型。

第四步：结合员工能力模型，构建成长路线

在构建出员工的能力模型之后，结合员工职业发展路线，管理者可明确当前阶段需加强的维度以及下一阶段需重点提升的地方。员工需要提前学习相关的理论知识以提升认知，从而将职业发展路线变成可被执行的、细化的成长路线。

对于员工本身而言，成长路线是结合其职业发展规划和个人现阶段能力评估的结果，员工自己也要找出在未来半年内想要重点成长的维度，以脑图的形式呈现出来，为接下来的工作做指引。一般情况下，个人成长路线一般以一年为 1 期，每 3 个月为一个小的阶段，这样，员工可以体系化地推进自己多维度的成长目标。

第五步：结合岗位和业务发展，形成绩效体系

在完成目标、方向、模型和路线之后，剩下的最后一步，也是最关键的一步。企业要根据岗位所需的知识技能、工作经验、内外部沟通、工作特性等方面，从任职条件、环境条件、职责范围、监督管理、沟通关系、问题解决、组织影响七个维度对所有岗位进行综合评价，确定岗位在组织内的相对重要性并进行排序，形成企业岗位价值评估矩阵。

此外，企业需结合业务发展，把这些"虚"的规划变成真正的执

行任务，形成可循环的绩效体系。也就是说，企业要将业务需求纳入项目管理，使业务与成长双轨跟进，确保在组织协作机制和流程上把业务上的事情落实到位。

等待业务迭代周期进入尾声后，企业需复盘在本迭代实践过程中的得失。除了需要复盘业务方面以外，企业还需要结合员工实际完成业务落地情况的复盘，让员工在完成业务需求的同时，不断提升自我。到了年度回顾的时候，企业便可再次评估员工是否在能力模型上有了真正的成长。

设置检查点

在构建完成长路径后，绩效考核成为识别员工优势与待加强能力的关键环节。为确保工作高效推进及目标精准达成，绩效考核中需巧妙设置检查点。这些检查点不仅能监控工作进度，更会评估质量与成果，可为管理者提供实时反馈，以便其及时调整指导，确保路径方向的正确性。

检查点的设置应遵循绩效管理的实际情况，坚持精简与高效原则，并根据企业内部状况灵活调整。以下维度可作为设置检查点的参考。

1. 业绩维度

在业绩考核中，企业应关注两个核心检查点：一是业务增长率。相较于业务额度，增长率更具对比性，包括上下期对比、同期对比及同行对比，能更精准地反映业绩变化。二是团队人均增长率。针对管理人员，需考量其团队整体贡献，通过人均增长率促使管理者深入团队，助力成员提升业务技能。

2. 管理能力

管理能力的考核应聚焦于两个关键点：一是过程指标完成率，即预设目标实现过程中的关键节点与分支指标，如培训场次、时间、进度及交付准确率等。该关键点的目的是确保最终结果偏差最小化。二是责任承担率。每位团队成员均需对最终结果负责。企业可从岗位职责中提取责任承担指标，具体案例可参考后续商业模式分析中的责任担当指标。

3. 协作能力

协作能力考核可提炼两个检查点：一是对外协作能力。该能力涉及合作伙伴、友商及第三方渠道的维护情况。二是对内协作能力。企业可采用KGP考核体系，其涵盖上级领导、下属成员、横向部门及岗位等四个维度，考评内容涵盖业务协作流程、日常工作表现及跨部门指标等，以消除"部门墙"与"孤岛"现象，促进团队融合与协作。

4. 客户满意度

客户满意度考核主要包括三个检查点：一是客户投诉率。该数据可以反映客户不满情绪，对口碑影响巨大，需作为重点考核项。二是客户复购率。该数据可以体现客户对团队服务的满意度，它的持续提升意味着客户的满意度在不断提高。三是客户转介绍率。该数据可以反映客户对产品与服务的满意度，将其纳入考核可促进业务人员重视客户关系维护，对企业与客户关系及业务指标完成具有关键作用。

5. 文化价值观

文化价值观考核可设置三个检查点：一是日常状态，包括出勤、规章制度遵守等合规情况。二是精神状态，如与团队成员的互动、团队活动参与程度等。将其纳入考核可促进团队成员养成主动互助习惯，推动文化氛围建设。三是学习与成长状态，包括知识分享、培训参与积极性等,通过考核该指标可促进个人与团队文化价值观的提升。

设置检查点不仅有助于管理者监控与评估,还能促进员工自我管理能力的提升,增强其责任感与使命感。通过定期检查与评估,企业可激励员工持续改进,提高工作效率与质量,从而确保组织整体目标的顺利实现。

引导员工成长

在经营实践中,众多企业领导者常感叹客户难寻,生意难做。然而,客户其实并不稀缺,关键在于我们是否能有效把握。面对同一市场,优秀的区域经理或门店经理能够成功开拓,而普通管理者则可能无所作为。这背后的根本原因在于,企业真正缺乏的是人才,而非客户。

人才的培育是企业发展的关键。全球范围内,优秀的企业在人才培养上均秉持一种核心理念——"敬天爱人",日本企业家稻盛和夫将此作为京瓷的社训。强调坚持正确的思维方式并贯彻始终,即为"敬天";而"爱人",则是怀揣"利他之心",为客户和员工创造价值。在企业管理中,"爱人"体现为关爱客户和员工的成长。

然而,"敬天爱人"的实践颇具挑战,因为人类天生具有"自私的基因",这一概念源自英国演化生物学家理查德·道金斯的著作《自私的基因》(The Selfish Gene)。该书揭示了人类及生物进化的奥秘,指出人的行为受基因驱动。

在"自私"本性下推动员工成长,关键在于转变管理思维。成就员工并非仅限于加薪、晋升或精神奖励,更重要的是助力其个人发展。管理者需明确,员工与机器截然不同,他们具有成长潜力。初入职场的员工或许普通，但经过企业和领导的精心培养，离职时或可成为高级员工乃至管理者。

领导者应将员工视为可塑之才，真心助力其成长。员工在成长中，将更深入地理解企业，对领导产生更深的情感，对企业流程更加熟悉。这一过程将赋予员工成就感和归属感，使其更愿融入团队。

因此，考核制度应明确以引导员工成长为宗旨。以下是一个新员工成长案例，有助于深入理解这一理念。

假设你初入公司，公司期望你达成业绩目标。面对陌生环境，公司为你设定了一系列任务：

建立 8~10 个人的小团队；

开发 5 个百万级大客户；

每个月跑 20 家客户；

做 3 场市场活动；

新增 5 个渠道。

若你完成了这些任务但业绩未达预期，则说明职责定位或业务策略有误；反之，若任务全部达成且业绩显著，你的能力将得到大幅提升，公司也可能因此提拔你为总监。这证明如果任务设置合理，考核体系可有效引导员工成长。

引导员工成长的原则

很多企业在推动员工成长时，往往仅聚焦于职业技能的提升，却忽视了员工个人认知的提升与生活质量的改善。若培训能够触及员工的内在成长，他们便会深刻体会到所学内容的实用性，从而由被动学习转变为主动追求。那么，如何有效地引导员工成长呢？以下是一些核心原则。

第一，管理者应率先垂范，成为终身学习的践行者。管理者要通过自身的持续学习，为团队树立榜样，营造浓厚的学习氛围。当员工感知到学习是成长的重要途径，且不学则可能落后时，学习便会成为一种自觉行为。

第二，让员工真心接纳学习。助力员工成长不应是空洞的口号或权宜之计，而应是管理者内心的真诚愿望。员工加入企业，或为梦想，或为生计。在当前竞争激烈的市场环境下，企业若能帮助员工成长，往往能获得意想不到的回报。因此，企业需建立相应的流程和机制，将员工成长这一抽象概念转化为可量化、可管理的具体指标。

第三，营造快乐工作的环境。传统观念中，工作与生活被严格区分。然而，企业可以尝试让员工在工作中找到乐趣。快乐工作能激发员工的积极心态，促进其向上成长。为此，企业应做到：赋予员工工作以意义；及时给予反馈，增强员工的成就感；为员工提供成长机会；建立归属感，让员工感受到组织的支持。

针对部分员工对培训产生懈怠情绪的问题，我们需深入剖析原因。一是员工对企业目标缺乏认同。若员工不认同企业目标，或认为目标难以实现，他们便不愿为之贡献力量。此时，企业应明确对待员工的初心，让员工感受到培训是为了他们的成长和职场竞争力提升。二是员工虽认同企业目标，但不清楚如何提升能力。这类员工有意愿贡献，但能力不足。管理者需识别并补足他们的能力短板，通过以下方法协助员工成长。

第一，调整员工状态。员工的心态直接关联着工作效率与业绩成果。因此，管理者需积极调整并优化下属的心态。这包括与员工进行深入交流，了解他们的内心需求、工作态度及对企业的认同感等。通过有效沟通，企业要让员工明确工作的目的及个人价值所在，从而找到个人目标与企业目标的契合点，激发其内在动力。

第二，培养员工工作习惯。良好的工作习惯是成就事业的关键。管理者应引导员工养成诸如"今日事今日毕"、区分任务优先级、随时记录与确认以避免遗漏等习惯。同时，管理者需以身作则，成为员工的榜样，通过自己的行为影响并带动员工养成良好的工作习惯。

第三，监控员工工作流程。在员工养成良好习惯的基础上，管理者需密切关注其工作流程，及时发现并纠正可能存在的问题。一旦发现问题，管理者应立即调整策略、优化流程，确保员工能够沿着正确的方向前进，从而取得预期的业务成果。

第四，强化员工技能培训。若工作流程无误，管理者则应关注员工的技能水平。通过复盘员工的工作表现，识别其优势与不足，并主动了解员工的短板所在。需要注意的是，了解短板并非为了批评员工，而是为了更有针对性地培养员工，引导其成长。

第五，善用办公工具。在数字化时代，很多高效能的在线化办公工具，能帮助员工极大地提升工作效率，比如业务管理方面的客户关系管理（CRM）系统、办公协同方面的飞书、数据化任务管理方面的石墨文档等工具。管理者要鼓励员工学习和使用这些工具，以使他们更高效地完成工作。

第六，保持内部信息透明。尽管身处数字化时代，但员工之间的知识水平和认知能力仍存在差异。这种差异可能导致团队处理事务的效率降低。因此，对于知识型员工占比较高的企业而言，管理者应建立企业共享文档或"企业大学"，这不仅有助于上下级之间的沟通与反馈，还能促进团队内部的平级沟通，确保每位员工都能获取到必要的企业信息，减少因信息不透明而带来的成长障碍。

综上所述，管理者要做的不是向下管理，而是向下负责。简单来说，就是要发挥员工的长处，帮助他们在工作中不断成长，取得成绩。管理者能为员工负多大的责任，就能成就多大的人生，正如"欲戴王冠，必承其重"所言。

KPI 与 KGP

一些企业在推行绩效管理的过程中，往往会面临实施困难的问题。如何确保绩效管理体系在企业中顺利落地，是管理者面临的一大挑战。特别是处在初创期的中小企业，为了迅速扩大市场占有率和提升行业知名度，往往容易忽视内部管理建设。

然而，从企业发展的长远视角来看，尽管企业不能将过多精力放在内部管理上，以免错失市场机遇，但在这个阶段，打下绩效管理的基础，为未来实施绩效管理做好准备，是至关重要的。

20世纪70年代，美国管理学家奥布里·丹尼尔斯（Aubrey Daniels）提出"绩效管理"的概念，到20世纪80年代后期，"绩效管理"已逐渐成为一个被人们广泛认可的人力资源管理工具。随着绩效管理工具的演变，KPI、BSC（平衡计分卡）、OKR（目标与关键成果）和KSF（关键成功因子）成为主要的绩效管理工具。目前，KPI仍被大多数企业所采用，而KGP则是在新生代员工成为职场主流的背景下，应运而生的一种新的绩效管理工具。

KPI作为一种绩效管理和分解的工具，与公司的整体战略和目标紧密相连。

第四章 ◎ KGP 绩效的导入

以邮轮航行为例，为了确保乘客和货物在 10 天内安全抵达目的地，邮轮团队需要通过导航系统监控地理信息、平均速度、燃料水平和天气信息等关键指标，以确保邮轮在正确的航道上行驶。

同样地，公司也需要通过制定与整体目标相关的 KPI，如利润、销售净利率和营业成本等，来衡量业绩是否达标。如果公司的目标是提升品牌价值以吸引新顾客，那么制定的 KPI 就会包含品牌价值、品牌知名度等。

绩效管理的作用在于绩效激励，包括公司层面的考核和个人层面的考核。然而，在实施 KPI 等绩效管理工具时，中小企业往往会面临诸多阻力。首先，中小企业员工数量少，管理架构扁平，员工之间沟通便捷，但这也容易导致企业缺乏制度观念，绩效考核难以保持客观。其次，中小企业在生存压力下，制度和流程往往不完善，且可能频繁进行战略调整，难以坚守一个考核标准。此外，中小企业特别依赖表现突出的业务员工，如果以业务量或销售额来衡量绩效，员工的流失率将难以控制。

尽管如此，绩效管理对于中小企业而言仍然至关重要。没有绩效管理，企业就谈不上真正的管理。因此，中小企业在选择绩效管理工具时，必须找到适合自己的、能够有效落地的方法或模式。

关于 KPI 和 KGP 等绩效管理工具的选择，有人认为 KPI 已经过时，也有人认为 KPI 仍然具有不可替代的价值。事实上，哪种绩效管理工具更适合企业，需要通过对比和实践来得出结论。接下来，我们将详细阐述 KPI 和 KGP 两种绩效管理工具的特点及其适用的企业管理制度。

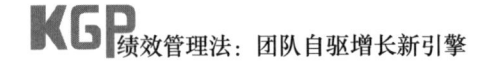

KPI 与 KGP 的核心理念及功能定位

在探讨企业绩效管理体系时，KPI 与 KGP 作为两种重要的管理模式，各自拥有独特的核心理念和功能定位。以下是对这两种模式的深入对比。

1. 核心理念的差异

KPI 的核心理念聚焦于挑战性目标的设定与分解。它基于公司的发展战略、未来预算及计划，设定比过往更具挑战性的目标，并将这些目标层层分解至各部门及岗位。通过形成关键指标，并下达至相关负责人，KPI 构建了一个从月度至年度的考核体系。这一体系强调以目标为导向，实现量化评估。

相比之下，KGP 则倡导一种引导式的管理模式。其核心在于引导而非单纯的考核，鼓励员工关注目标及自身成长。通过透明化、数据化的管理方式，KGP 将公司目标及员工成果进行可视化展示，降低了考核带来的焦虑感，增强了员工应对挑战的从容性。在 KGP 体系下，员工专注于过程管理，管理者则负责监督过程，双方共同努力以实现既定目标。

2. 功能定位的不同

KPI 作为一种量化指标，主要用于衡量某职位任职者的工作绩效。这些指标直接、客观地反映了任职者工作任务完成的效果。KPI 的来源主要包括企业的战略目标及部门和岗位的职责。在量化指标上，KPI 分为硬指标和软指标。硬指标基于统计数据，通过建立数学模型进行客观评价；软指标则依赖于评价者的知识和经验，易受主观因素影响。KPI 的设计思路是通过关键成功因素分析和关键指标分解，将公司目标分解至各部门及岗位，实现岗位目标与公司整体战略的紧密关联。

KGP 侧重于衡量员工成长的有效性。它为员工提供了一个引导路径，使员工能够按照既定路径努力发展，实现个人目标。与 KPI 的传统考核方式不同，KGP 采用阶段性激励方式。员工在每个阶段达到一定的业绩水平，即可获得相应的奖励。这种设置不仅激励员工持续努力，还为员工提供了足够的上升空间，鼓励他们不断超越自我，实现更多成果。

在传统 KPI 绩效考核模式下，公司为员工设定一个明确的目标，例如业绩需达到 80%。若员工实际完成率恰好为 80%，则他将获得该项考核的全部奖金；若仅达到 75%，则奖金按比例缩减至 75%。相比之下，KGP 绩效管理模式则采用了分阶段激励的方式。

在 KGP 体系下，员工达到 80% 的业绩目标时，同样会获得相应比例的奖励。但关键在于，KGP 在达到最终目标之前设置了多个奖励档次。例如，当员工完成 30% 的业绩时，可能并无奖金。一旦员工跨越这一门槛，即便未达到 80% 的最终目标，也能立即获得首档奖励。随着业绩的进一步提升，如达到 60%，员工将再获得额外奖励，以此类推。

这种分阶段激励的方式使得 KGP 与 KPI 在激励机制上产生了显著差异。KPI 模式下，一旦员工达到预设目标，激励便告一段落，缺乏进一步上升的动力。而 KGP 则通过不断设置新的奖励点，持续激励员工超越当前成就，追求更高的业绩水平。因此，KGP 不仅关注最终结果的达成，更注重过程中的持续进步与激励，为员工提供了更广阔的成长空间。

此外，KGP 的功能定位还强调了对过程的关注及为目标承担的责任。管理者需制定明确的任务，并引导员工去实现目标；同时，管理者还需为过程监督负责，确保员工在正确的轨道上前进。这一功能定

111

位使得 KGP 在推动员工成长及实现公司目标方面更具优势。

KPI 与 KGP 的优缺点

KPI 与 KGP 作为两种重要的绩效管理工具，各自承载着不同的价值与理念。两者优缺点的详细对比见表 4-5。

表 4-5　KPI、KGP 的优缺点

工具	优点	缺点
KPI	奉行"二八"原理，聚焦关键目标和指标；与战略和预算形成闭环系统	重考核，重激励，高目标，低激励，员工压力大，容易产生抵触心理
KGP	将目标拆解，形成执行计划；对重要过程进行管控和评估，引导员工成长，激发员工创造力	要求管理者具备管理意识和培养意识

KPI 系统的核心理念在于"你选择衡量什么，你就得到什么"，它强调指标的分解与战略目标的紧密关联。通过层层分解公司层面的 KPI 至部门和个人，KPI 系统形成了一个完整的指标分解体系。这一过程确保了每个员工都能明确自己的任务与目标，并通过与上级的沟通达成一致，作为考核的依据。KPI 的优点在于其明确的目标导向和与公司战略的紧密连接，这有助于激发员工的积极性和创造力，推动公司战略的实现。

然而，KPI 的缺点也不容忽视。首先，由于 KPI 直接关系到员工的考核结果，员工可能会倾向于选择对自己有利的指标，这在一定程度上抑制了团队的创造力和积极性。其次，如果公司选择的 KPI 与战略目标不一致或外部环境发生变化，员工仍机械地按照 KPI 考核，就可能会导致方向性错误，影响公司的整体发展。

相比之下，KGP 的价值在于"做好过程，得到成长"。KGP 通过将目标拆解为执行计划，并对重要过程进行管控和评估，引导员工关注过程管理，促进员工的成长和创造力的激发。KGP 的优点在于其过程导向和员工的成长性，这有助于培养员工的责任感和自我驱动力。

然而，KGP 也要求管理者具备较高的管理意识和培养意识。管理者需要制订明确的执行计划，并对员工进行引导和监督，确保员工能够按照计划执行并不断提升自己的能力。

在选择 KPI 还是 KGP 模式时，企业需要综合考虑自身所处的环境、团队特点以及员工自我意识等因素。稳定的环境和更强的执行力可能更适合 KPI 模式，而多变的环境和更好的自驱力则可能更适合 KGP 模式。因此，企业在选择绩效管理工具时，应结合自身实际情况进行决策，以确保绩效管理工具能够发挥最大的效用。

KPI 与 KGP 的应用场景及适用模型

企业管理的多样性决定了绩效管理工具的选择需因地制宜。KPI 与 KGP 作为两种主流的绩效管理工具，其应用场景及适用模型各具特色，如表 4-6 所示。

表 4-6　KPI、KGP 的应用场景

工具	关键属性	应用场景	适用模型
KPI	分解、反馈	责任层层压实；结果层层反馈；能让上级看到结果	适用大企业，有相对稳定的人才资源，可通过结果筛选人才
KGP	引导、兑现	导向考核目标结构化；结果不一定满分但过程很重要；考核与成长强关联	适用中小企业，适合挖掘人才，重点在于人才培养，激发人才潜能

从表4-6中可以看出，KPI更侧重于结果的达成，而KGP则更注重过程的引导与员工的成长。接下来，我们将分别阐述两者在不同场景下的适用情况。

1.KPI的适用场景

（1）战略聚焦明确

当企业有明确的战略方向，如营收增长、市场占有率提升或技术更新等，KPI能够确保各层级员工目标一致，聚焦关键工作。若企业追求均衡发展，KPI可能显得过于分散，不利于员工集中精力。

（2）业务增长快速

在业务快速发展阶段，员工士气高昂，KPI能够激励员工关注核心指标，推动业务持续增长。在该场景下，要注意指标的公平性与合理性，以避免员工与管理层间的矛盾。

（3）风险可控

除KPI关注的核心指标外，其他工作的风险需可控，以确保不会对部门整体造成影响。这些工作可通过外包或内部流程优化等方式处理。

（4）管理体系完善

企业需具备完善的绩效管理体系，以确保员工能够主动完成未纳入KPI的工作职责，保障整体业务的顺利运转。

2.KGP的适用场景

（1）新生代员工为主

随着"00后"等新生代员工步入职场，他们更注重价值交换、岗位价值和个人成长。KGP通过过程引导和成长性思维，能够更好地激发这一代员工的积极性和创造力。

（2）团队创造力不足

激活一个员工的创造力和积极性，企业需要创造一个有足够成长空间的机会和环境。大部分企业没有制度化、操作性强的员工培养举措、方案。KGP强调从成长性思维出发，着重创造一个有助于激活、培养员工创造力的组织环境和企业文化。

（3）项目化运作

项目化运作需要项目化管理，在项目化管理中，企业会对各环节进行监管，每个项目成员都有着极为明确的目标和责任。在这种情况下，企业要强化主人翁意识，促使相关人员能够更好地在具体工作中付出努力，跟踪项目进程，以保障项目活动的整体质量。

（4）数字化转型

数字化转型要求企业打破传统的组织结构和管理模式，建立更加灵活和高效的管理体系，这意味着企业要培养和吸引专业的人才，强调人才的成长性。KGP能够利用数字化、可视化的绩效成效，帮助员工完成阶段性成果，得到技能或能力的提升。

在绩效管理过程中，企业应结合组织发展需要和员工职场需求，循序渐进地建立并持续优化绩效管理工具。在导入新工具时，企业需围绕经营目标，确保管理闭环，提升管理效能，以获得员工的理解和支持，要避免盲目跟风导致的管理成本上升。

KPI 和 KGP 何去何从？

KPI 和 KGP 本质上都是企业目标管理的工具，均旨在帮助企业明确目标并有效执行。KPI 的管理逻辑更贴近工业时代的需求，彼时组织目标明确，执行效率被视为关键。通过逐层分解公司目标，KPI 使每位员工都能明确自身职责，并全力以赴达成目标。

然而，随着数字时代的到来，外部环境与市场需求的快速变化对企业管理提出了更高要求。在工业时代行之有效的 KPI 管理模式，面对瞬息万变的市场环境，显得力不从心。其决策模式过于简单，缺乏全员共识，导致组织协同性不足。

相比之下，KGP模式更契合数字时代的特点。它强调过程管理和战略执行，注重员工的成长性和组织整体的协同性。在KGP模式下，管理者需思考员工的价值，明确员工职责，并引导员工"如何做"。这种管理模式有助于培养员工自主性，激发其创造力，使组织能够更快速地响应外部变化。

具体而言，KGP模式更适合于当前充满不确定性的企业环境。在这样的环境下，企业需要培养快速响应外部变化的能力，而KGP模式正是通过强调员工自主性、创造性和自驱性来实现的。相反，KPI模式更适合于目标明确、环境变化较小的企业环境。在这种环境下，企业追求的是效率和执行，员工不需要过多思考或创造，只需全力以赴达成目标。

从具体操作层面来看，KPI与KGP存在以下主要区别。

区别一：目标分解方式

KPI会根据企业结构将战略目标层层分解，细化为战术目标，并以此进行绩效考核；而KGP则更注重过程跟踪和完成情况，可作为员工自我管理的方法。

区别二：驱动力来源

在KPI模式下，员工往往需要外部力量（如上级管理者）推动实现目标；而KGP则更强调内在驱动，希望员工具有强烈的自我意愿去实现个人目标。

区别三：目标设定过程

KPI是自上而下的目标分解；而KGP则是经过自下而上和自上而下双向修正后达成的目标设定。这体现了KPI更侧重于结果导向，而

KGP 则更注重过程的变化和响应。

这些区别总结如表 4-7 所示。

表 4-7　KPI 与 KGP 的区别总结表

KPI	KGP
自上而下分解目标	上级初定，上下级动态调整
需要外部力量的推动	员工的内驱力
考核为主要目的	阶段性成长及成果为主要目的
领导让员工做	员工如何做
像秒表，重在计量	像指南针，重在过程与方向
要求 100% 完成，甚至超越目标	挑战富有阶段性，可容忍失败

综上所述，KPI 与 KGP 各有其独特价值。KPI 在强化执行效率、促进战略目标分解和落地方面具有显著优势；而 KGP 则更注重员工自我意识、支持自下而上的双向挑战，可有效激发员工的主动性。在当前新生代员工占据职场主流的背景下，KGP 模式具有重要意义。然而，企业应根据自身实际情况和外部环境变化，灵活选择并优化绩效管理工具，以实现最佳管理效果。

KGP 是动态变化的

过去几年，全球绩效管理领域经历了一场深刻的变革，且变革势头持续增强。如今，新一代绩效管理模式已进入广泛推广阶段，已有三分之一的企业采纳了新模式，中国部分科技创新型中小企业也开始尝试，但多数中国企业仍处于观望或抉择的十字路口。面对这样的背景，我提出了 KGP 这一创新的绩效管理模式，并将从其如何适应企业发展需求的角度进行深入剖析，为中小企业提供具有实践指导意义的建议。

绩效考核的发展可划分为三个阶段：绩效考核阶段、绩效管理阶段和战略性绩效管理阶段。这三个阶段逐步深入，日益接近绩效管理的本质。

第一阶段，绩效考核阶段。该阶段存在诸多普遍问题，如考核缺乏区分度、结果反馈缺失、考核结果未得到有效应用。目前，大多数企业仍停留于此阶段。

第二阶段，绩效管理阶段。该阶段开始重视目标实现的过程管理，强调目标跟踪与员工辅导反馈，但仍以目标完成度作为评估依据，可能会出现个人绩效与组织绩效脱节等新问题。

第三阶段，战略性绩效管理阶段。该阶段的特点如下：绩效考核指标源自组织战略，与岗位职责紧密结合；能形成战略地图，拆解战略目标所需指标；为每位员工设定了成长路径；管理者负责监督过程，日常工作即为绩效记录。例如，格力空调通过引入销售人员结构指标，引导销售人员行为与组织战略一致，解决了个人绩效与组织绩效脱节的问题。

第三阶段的成功推行需具备以下条件：公开透明、追求创新与协作的企业文化；成熟、训练有素、领导力强的管理者；高度职业化、独立自主、追求成就的员工；系统工具的支持。

当前，企业正面临快速变化、充满不确定性的"乌卡时代"[①]。对

[①] 乌卡时代（VUCA）指不稳定（Volatile）、不确定（Uncertain）、复杂（Complex）、模糊（Ambiguous）的时代。——编者注

外，企业需灵活应对外部环境变化；对内，需确保员工持续成长与潜力开发。实现人才与企业共赢才是绩效管理的本质。

因此，企业建立绩效管理的正确路径是：以对齐、透明、挑战性的目标驱动员工；执行过程中快速持续反馈，不断赋能员工，促进其成长、提升绩效；实现企业战略目标。新一代目标与绩效系统的高效运行，是"乌卡时代"企业的必然选择。

为何KGP能适配企业的绩效管理变革路径？

与传统企业组织不同，孵化器与产业园等中小企业创业基地更适合创新活动。传统组织框架注重效率提升，而创新活动需要更灵活、自由的环境。KGP不仅是一种工具或方法，更是一个充满活力的创造过程，可从五个维度解读：

第一，KGP体系的成功实施可带来多重价值。它不仅是成长型思维方式，也是创新的绩效管理工具，可引导员工利用有限资源提供卓越服务，为客户提供前所未有的体验。

第二，对于初创型和成长型企业，培养优秀管理者至关重要。KGP注重过程监督，可增强管理者参与度，锻炼其管理能力，同时帮助员工达成目标。

第三，初创企业商业模式未成熟，处于战略模糊和业务探索阶段。KGP作为有效工具，可助力企业调整方向、试错迭代、资源调配。

第四，KGP在创新应用场景中展现出强大生命力。无论是团队KGP还是个体KGP，都能有效承接和覆盖，因为KGP是双向互动过程，有利于形成完整管理体系。

第五，KGP可体现薪酬再设计诉求，推动传统岗位设计进化。KGP可使组织结构更灵活，根据个体特质和组织目标动态调整，实现团队成员由胜任力向创造力的转变。

从战略和文化层面分析，KGP 展现出强大的适应性。战略层面，KGP 能够帮助组织制订行动计划，设置阶段性成果和检查点，应对外部环境变化和实现目标。文化层面，KGP 可以适应新生代员工的价值观，推动其一致行动适应外部环境。

KGP 通过制定、试错、评估、反馈的闭环螺旋式过程，实现动态适应性；同时，能高效整合内部资源，打破壁垒，让资源在企业内部流动。KGP 基于共同目标制订行动计划，可明确员工成长路径，促进资源有效流动。

KGP 不仅是互联网时代的产物，也是新生代背景下的适配工具。

第五章
人才发展设计

如何全面评估员工的胜任程度？

1973年，麦克里兰博士在《美国心理学家》(American Psychologist)期刊上发表《测试胜任力，而非智商》(Testing for Competence Rather Than for "Intelligence")一文，标志着胜任力研究的兴起。自20世纪80年代起，欧美企业便开始实践胜任能力模型，目前全球500强企业中已超过半数采纳了这一模型。

胜任能力模型是什么？

胜任能力模型，简而言之，是一种评估员工是否具备履行特定工作职责所需能力的工具。该模型基于两个核心要素构建：一是员工在不同职位层次上所需的工作能力要求；二是企业对于员工能力的期望与规范。从员工职责视角出发，胜任能力模型详细界定员工在各个发展阶段所应具备的能力标准，以及企业对人才的具体要求。

胜任能力模型具备以下显著优势。首先，它有助于企业精准划分人才类型，明确招聘时的岗位定位与薪酬标准，从而规范能力评估标尺，提升招聘效率。其次，该模型为员工提供了一套自我评价与检查的框架，使他们能够更清晰地认知自身能力水平，进而制订个人成长计划。

在构建胜任能力模型时，企业需综合考虑多个维度，包括员工的核心工作能力、团队协作能力、跨部门沟通能力，以及专业技能、资格证书等具体要求；同时，需明确区分能力要求与工作职责，避免混淆。例如，在描述HR专员的招聘能力时，应具体指出其能够完成

"公司内主管级以下员工的招聘工作",而非泛泛而谈"能够完成销售岗位招聘",以确保能力评估的精准性。

在深入剖析胜任能力模型时,我们可以发现其具备以下显著特征,这些特征也揭示了评估员工胜任水平的重要性。

1. 深层次特征

这些特征能够将同一工作中表现优异者与普通者有效区分开来,包括知识、技能、自我认知、个性特质以及内在动机等要素。这些要素犹如冰山模型中的各个部分,有的显露于水面,易于观察;有的则深藏水下,需深入探索。冰山模型如图5-1所示。

图 5-1 冰山模型

2. 因果关联

员工的行为往往由其内在动机所驱动,而行为又直接影响工作绩效。如图5-2所示,胜任力与绩效之间存在紧密的驱动关系:个人能力驱动个人行为,个人行为影响个人绩效,进而决定组织绩效。因此,关注员工的成就动机等内在因素,对于提升工作绩效具有重要意义。

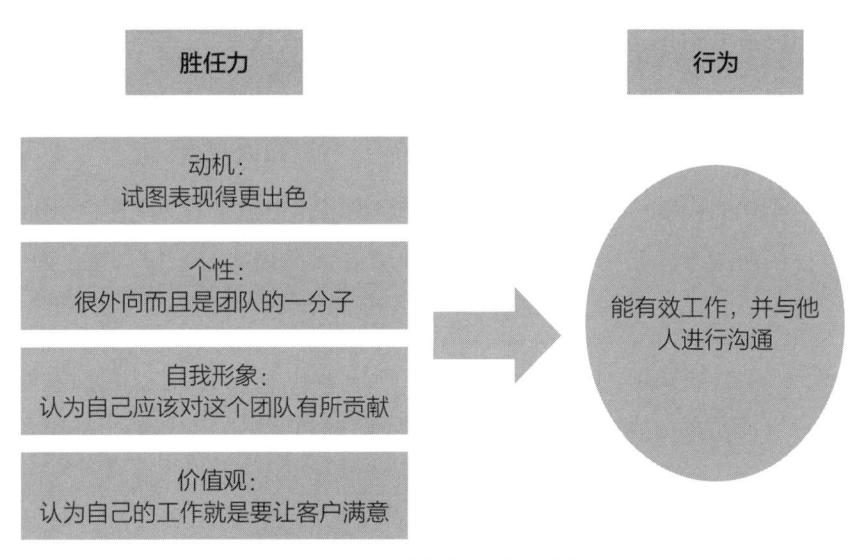

```
           胜任力                              行为

    动机:
    试图表现得更出色

    个性:                              能有效工作,并与他
    很外向而且是团队的一分子           人进行沟通

    自我形象:
    认为自己应该对这个团队有所贡献

    价值观:
    认为自己的工作就是要让客户满意
```

图 5-2 胜任力与绩效的驱动关系

3.参照效标

在采用胜任能力模型进行评估时,企业需选用特定的标准或准则来衡量员工的实际工作表现。这些标准或准则(即能力模型)要能够准确预测员工未来的工作绩效水平,为人才选拔与培养提供有力依据。

总而言之,胜任能力模型在评估员工胜任水平方面发挥着重要作用。企业应结合自身实际情况,科学构建并有效运用胜任能力模型,以提升人力资源管理水平,推动企业持续发展。

员工胜任力的全面评估

胜任力作为衡量员工是否具备岗位所需知识、技能、职业素养等任职资格的关键指标,对于引导员工达到工作目标至关重要。接下来,我从知识、技能、性格及动机四大维度,对员工胜任力进行全面而深入的评估。

1.知识部分

知识指人们在工作实践中所获得的认识和经验的总和。知识是人才发挥作用的基础要求。如果员工缺乏良好的知识底蕴,将严重影响其专业化的程度。通俗一点来说,我们在工作中经常看见有些人满腔热情,但由于缺少方法,导致工作成效并不理想。企业评估员工时,可以重点关注以下两类:公司知识、专业知识。

(1)公司知识:涵盖行业知识、产品知识、公司文化(包括发展历史、理念价值观)、组织结构、基本规章和流程等。员工的掌握程度可细分为四个级别,如表5-1所示。

表5-1 胜任力级别——公司知识

级别	定义
一级	熟悉员工手册
二级	了解公司发展历史、相关产品知识,熟悉本岗位相关制度与流程
三级	全面掌握公司的历史、现状、未来发展方向、产品知识及相关管理制度与流程
四级	精通公司整体运作流程与制度,了解公司整体战略规划及实施步骤

(2)专业知识:依赖岗位特性,如战略、营销、财务、人力资源、生产管理、质量管理、环境管理、法律、计算机及信息系统、专业外语等。以人力资源为例,如表5-2所示。

表5-2 胜任力级别(人力资源)——专业知识

级别	定义
一级	了解一般的人事管理概念、内容框架和一般流程制度,包括人事档案管理、人事考核、考勤、培训、晋升、薪酬、招聘流程、离职管理等基本人事管理方法

续表

级别	定义
二级	掌握人力资源管理的基础概念、内容框架与一般原理和方法，熟练掌握人力规划、激励约束原理、绩效考核、招聘流程、工作分析设计、岗位职业素养、培训规划、劳资管理中五项以上内容，熟悉相关的劳动法律法规
三级	熟悉人力资源管理体系及其各系统间的关系，并精通一个或几个系统，包括人力资源规划、人力成本分析与绩效考核方法的设计、招聘方法与流程的设计、培训规划与管理、薪酬设计与管理、工作分析方法的设计、岗位价值评估方法的设计、岗位胜任力模型管理
四级	精通人力资源管理系统的内在逻辑关系，并能提供设计思路建立HRM系统，其中包括：人力资源战略规划、人力成本分析与绩效考核方法的设计、招聘方法与流程的设计和培训管理；薪酬设计与管理、岗位分析方法的设计、岗位价值评估方法的设计、岗位胜任力模型管理

2. 技能部分

技能是在知识的基础上综合运用知识的能力，是岗位胜任力的核心要素。技能至少包括理解、沟通、计划、领导、决策与创新六个方面。

（1）理解：对事物或别人思想的把握程度。胜任力级别如表5-3所示。

表5-3　胜任力级别——理解能力

级别	定义
一级	对简单事物本身有较客观的认识，能够抓住问题的主要方面
二级	对一般事物本身有较客观的分析，能够抓住问题关键，并形成初步解决方案
三级	能够对复杂事物进行较全面客观的分析，能够提出较具体的解决方案
四级	能够对复杂事物做出全面客观的分析，能够提出切合实际的解决方案

（2）沟通：通过口头、书面方式表达与交流思想的能力。胜任力

级别如表 5-4 所示。

表 5-4　胜任力级别——沟通能力

级别	定义
一级	能进行简单的工作联系与交流
二级	能够与他人进行清晰的思想交流，书面沟通规范且易于理解
三级	沟通技巧较高，具有较强的说服力和影响力
四级	沟通时有较强的个人魅力，影响力极强

（3）计划：设计并有效执行任务，合理配置各项资源的能力。胜任力级别如表 5-5 所示。

表 5-5　胜任力级别——计划能力

级别	定义
一级	能合理安排本职工作并及时反馈问题
二级	能够制订领域（如生产、营销、研发等）内一个方面的工作计划
三级	能有效制订一个或多个领域的工作计划，预先分配时间及资源
四级	能全面制订工作计划，预测准确，能深入分析并调整计划

（4）领导：组织、协调内部关系，指导他人完成目标的能力。胜任力级别如表 5-6 所示。

表 5-6　胜任力级别——领导能力

级别	定义
一级	组织领域内一个方面的团队，协调内部关系，完成工作
二级	组织一个领域的团队，协调内外部关系，完成较复杂的工作
三级	组织跨领域的团队，协调各方面关系，完成复杂的工作
四级	运用全局资源，通过管理授权，完成全局性工作

（5）决策：在规定时间内选择最优方案的能力。胜任力级别如表

5-7 所示。

表 5-7　胜任力级别——决策能力

级别	定义
一级	做决策时需借助他人的力量，通过协调决定
二级	能够对下属提出的建议进行决策，或者能向上级提供合理的决策建议，能考虑决策所需要的一般因素
三级	能够对下属提出的建议进行决策，或者能向上级提供合理的决策建议，并对影响决策因素进行全面分析，决策较为准确
四级	能够在复杂的情况下，对全局性工作做出准确决策

（6）创新：能够运用新的思想、方法解决问题的能力。胜任力级别如表 5-8 所示。

表 5-8　胜任力级别——创新能力

级别	定义
一级	能在现有制度、规定下灵活解决问题
二级	能改进现有制度、规定，寻找更合理的解决方法
三级	能进行预测分析，事先发现问题，制订多个解决方案，并从中寻求较系统的解决方法

3.性格部分

性格是个人对现实的态度和习惯化的行为倾向，与员工的职位成长密切相关。了解员工的性格，有助于为其搭建适合的发展空间。性格可大致分为内倾型与外倾型，两者并非绝对区分，而是倾向性不同。了解员工性格，有助于更好地进行人才配置与团队建设。外倾型和内倾型的特点如表 5-9 所示。

表5-9 外倾型和内倾型的特点

外倾型特点	内倾型特点
①老是注意外界所发生的事情，追求刺激，敢于冒险 ②随和、乐观，爱开玩笑，易怒也易平息，做事经常不加思考 ③有与别人谈话的习惯，好为人师，容易冲动 ④喜欢变化，有许多朋友 ⑤善于交际，不喜欢独自学习	①倾向于事先计划，三思而后行，严格控制自己的感情，很少有攻击行为 ②性情平和内敛，生活较有规律 ③喜欢独处甚于与人交往，除亲密朋友外，对人比较冷淡，保持一定的距离 ④很重视道德标准，但有些悲观

在对员工胜任力的评估中加入性格部分，目的也是为测出员工的性格，看看他目前处于什么样的状态。了解员工，才能为员工搭建合适的发展空间。

4. 动机部分

动机是指引起和维持个体的活动，并使活动朝向某一目标的内部心理过程或内部动力。人的活动是受动机调节支配的。例如"为什么那么多人要征服珠峰？""为什么有些人会不想学习，沉溺于肥皂剧或游戏？""是什么促使你放弃或追求目标？"，这些都与动机有关。

动机是在需求的基础上产生的，其过程为：需求-心理紧张-动机-行动-需求得到满足-紧张减除-新的需求。所以，我们可以根据需求层次理论，分析员工目前在哪个层次、是否满足了基本需求、是否有强意愿达到更高需求层次、通过什么样的满足方式。需求层次理论与满足方式如图5-3所示。

动机分为生理性动机和社会性动机，其中社会性动机中的成就动机对于工作尤为重要。高成就动机者往往事业心强、有进取心、敢于冒险、注重自身能力提升，从而更有可能胜任岗位。企业可通过培训

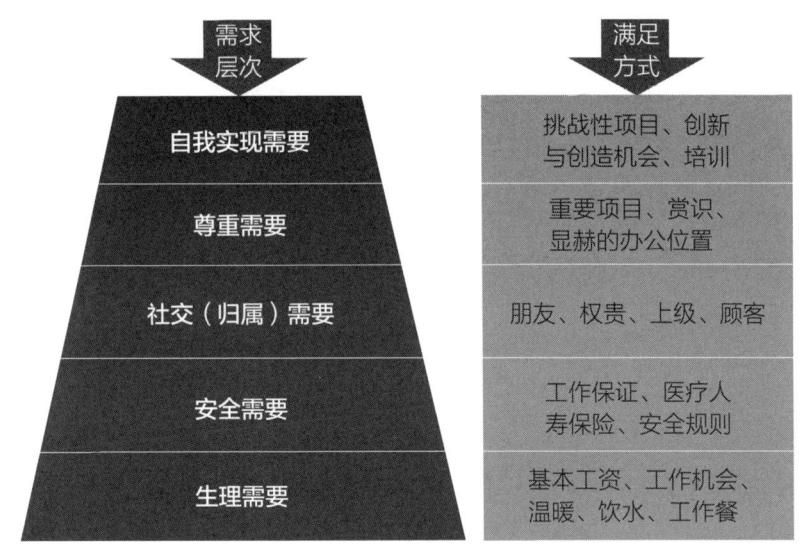

图 5-3　需求层次理论与满足方式

提高员工的成就动机，包括提高成就动机的认识、自我认识、制订工作计划以及形成良好的人际关系等。

员工胜任力模型的设计

胜任力模型是界定某一特定职位所需综合能力的框架，涵盖胜任力名称、详尽描述及行为指标等级的具体操作说明。此模型侧重于持久且稳定的行为模式，强调在人才管理中，我们关注的重点应是"行动方式"，而非单纯探究"人的本质"或仅观察"人的行为表现"。这与我们强调的"实践方法"理念不谋而合。

胜任力模型的核心价值在于指导各级员工逐步提升能力，实现职业发展。与岗位职责相比，胜任力更侧重于完成任务的潜力、执行动作的效率及达成结果的效能。不同层级的员工在执行相同任务时，其胜任力的展现层次会有所差异。

以招聘职能为例，专员级员工主要负责执行招聘流程，而经理级员工则需在此基础上，进一步拓展至人才库的维护与高端人才的猎聘。胜任力模型为员工提供了清晰的成长路径与驱动力，促使其在职业生涯中提前规划并培养所需技能。

在招聘新成员时，胜任力模型同样发挥着重要作用。通过对照模型中的关键事件，我们能够准确评估应聘者是否具备所需经验与能力，从而有效判断其是否适合更高层级如主管或经理的职位。

因此，胜任力模型不仅为员工个人成长指明了方向，还显著提升了招聘的精准度与效率。它为员工描绘了明确的职业发展蓝图，并为企业选拔人才提供了科学依据。

在构建胜任力模型时，我们需首先明确各岗位的核心胜任力要求，随后，从多个维度出发，详细梳理并界定不同层级所需的能力范围，这包括能力的深化、拓展与前瞻性的考量。

以招聘能力为例，专员级员工侧重于执行招聘任务，而经理级员工则需具备一对多招聘及人才库维护的能力，这体现了胜任力在深度与广度上的提升。同样，在人力资源领域，组织变革能力也是管理者不可或缺的核心胜任力。从纵向来看，专员级员工可能仅需理解薪酬变革方案，而经理级员工则需具备设计与优化方案的能力，这展示了变革能力在深度、广度与难度上的逐层递进。

因此，在提炼胜任力模型时，我们应精准区分不同层级员工的能力需求与范畴，确保模型的准确性、实用性与针对性。以下以人力资源、销售及采购岗位为例，展示胜任力模型的具体应用，胜任力模型如表 5-10、表 5-11、表 5-12 所示。

第五章 ◎ 人才发展设计

表 5-10 人力资源胜任力模型

胜任力模型——人力资源

能力	专员	主管	经理	总监	总助/董秘
招聘能力	完成主管级以下职员招聘任务	①完成普通员工、管理者招聘任务 ②学会识别人才工具	①一对多招聘	①维护人才库 ②猎聘关键技术人才	①维护人才库 ②猎聘关键技术人才
培训组织能力	编写企业的介绍PPT并实施入职培训，执行述职任务	①开发职场礼仪类课件 ②执行年度培训任务	①构建公司培养体系 ②组织完善培训课程	①组建公司商学院 ②编写高层培训计划	①组建公司商学院 ②编写高层培训计划
薪酬设计能力	①熟悉公司薪资结构算法 ②能够清晰讲解	①熟悉公司薪资结构算法，并能够清晰讲解 ②推动绩效管理	①提炼岗位关键考核指标 ②新岗位薪资设计 ③人力成本控制	①长期激励方案制订 ②薪酬变革、绩效提成方案设计及宣导	①长期激励方案制订 ②薪酬变革、绩效提成方案设计及宣导
会议活动组织能力	生日会、表彰会、团建活动、年会、述职会	①推动绩效复盘会、主管例行会议 ②召开经营会、校招宣讲会、启动会	①学习型会议 ②年终总结 ③共创会	①对外接待 ②客户到访接待	①董事会召开 ②股东会召开
组织变革能力	①公司文化展示落实 ②新系统导入推动	①编写岗位职责、人才配置表 ②编写组织架构	①推动核心任务进度 ②建立领导决策导组织 ③薪酬方案宣导	①战略大图制定 ②内部事业合伙人方案	①战略大图制定 ②内部事业合伙人方案
员工关系处理能力	①熟悉公司管理规定 ②熟悉员工家庭状况	①处理工作情绪 ②给予员工关怀	①劳动关系维护 ②劳动纠纷处理	①为员工个人成长赋能 ②具备价值观影响能力	①公关处理 ②政治关系维护

133

表5-11 销售胜任力模型

胜任力模型——销售

能力	专员	主管	经理	总监
业绩能力	完成业绩目标	①完成业绩目标 ②完成战略目标	①完成业绩目标 ②完成利润目标	①完成业绩目标 ②完成利润目标
开拓能力	①参加展会 ②多渠道开发客户	①主导展会 ②新产品、新市场开拓 ③大客户接待配合	①策划展会 ②独立接待大客户 ③拜访国外客户	①策划展会 ②独立接待大客户 ③拜访国外客户
培养能力	①实施产品培训 ②培育新人并转正	①实施销售技巧培训 ②带领2~5位组员 ③完成面谈任务	①培养2位主管 ②协助HR完成培养体系建设	①培养2位主管 ②帮助HR完成培养体系建设
组织革新能力	配合推动绩效变革	①绩效管理方案优化 ②提炼绩效指标	①参加组织架构制定 ②落地薪资方案	①制定战略大图 ②制定组织架构、人才画像 ③设计提成、激励制度
活动管理能力	①完成复盘会议 ②完成营销竞赛	①支持营销竞赛活动 ②主持复盘会议 ③主持启动会	①策划营销竞赛、启动会、表彰会 ②组织复盘会议、团建活动	①策划营销竞赛、启动会、表彰会 ②组织复盘会议、团建活动

表 5-12 采购胜任力模型

胜任力模型——采购

能力	专员	主管	经理
交付保障能力	①采购进度保障 ②资料收集进度保障	①交付进度协调 ②完成准交率目标 ③品质文件突发处理	①完成准交率目标 ②完成品质目标 ③品质文件处理
议价能力	完成阶段性改价目标	完成降本目标	制订年度降本计划
开拓能力	①开发备选供应商 ②运用供应商资源开发新产品	①实施销售技巧培训 ②带领 2～5 位组员 ③完成面谈判任务	①培养 2 位主管 ②协助 HR 完成培养体系建设
管理能力	①供应商交付质量评分 ②产品数据表、规格表审查 ③配合完成供应商稽核、审核	①主导供应商审核、稽核 ②召开品质、交付保障例行会议	①策划与主持年度供应商大会 ②制定公司供应商管理体系

人才梯队的搭建

华为公司创始人任正非在继任规划工作汇报会上曾明确指出："企业必须确保人才的可替代性，避免人才稀缺现象。"为实现这一目标，企业构建"多层次、多维度"的人才梯队体系至关重要，以确保每一层级都有合适的继任者与实战人才。

梯队结构在团队管理中扮演着至关重要的角色。当梯队构建良好时，其效果可能并不显著，但一旦梯队出现问题，团队将面临诸多挑战，管理者也会陷入疲于奔命的状态。梯队结构不仅反映了员工的能力分布，还体现了团队的成熟度和恢复力。一个梯队成熟的团队，能够轻松应对各种突发状况，如核心员工休假或技术负责人离职等，而不会因此遭受重大打击。相反，他们会迅速调整，恢复常态。因此，梯队结构强健的团队，就如同拥有强健体魄的人一样，充满韧性，经得起各种考验。

一般而言，"人才梯队构建"涵盖"梯队规划"与"梯队培育"两大核心环节，二者相辅相成，如同"战略制定"与"战略执行"的关系。那么，在构建团队人才梯队的过程中，公司管理者应如何行动呢？简而言之，他们需要为公司制定人才梯队的培养规划，并确保其得到有效执行。

梯队规划：三个视角

首先，从团队建设目标出发，审视团队状态的三大关键要素：一是规模，包括当前人数、预算人数和总人数。二是分工，即团队人力都分布在哪些业务上，以及各个业务都由谁来负责。三是梯队，即团队的级别和梯队分布情况。

其次，从资源配置角度出发，对整个团队资源进行全面盘点（主要依据级别进行排序）。例如，可将团队成员设立为 N、P、M 三个级别：N 级别包括实习生和应届生毕业生；P 级别为正式员工，涵盖初级、中级和高级专员；M 级别为管理者，如总经理、总监等。

最后，从人才培养视角出发，列出重点培养对象及其所负责的业务领域。例如张三（某项业务核心工程师）到年底能完全负责 XX 业务，并能带新人；李四（某项业务负责人）到年底能带几人独立负责 XY 业务。

通过全面梳理，团队当前的梯队状况及未来规划将变得清晰明了。

企业在制定梯队人才规划时，需确保人才选拔与团队建设的一致性，重点考虑能力、协作与文化三大要素；同时，应重视与自身互补的人才，他们与相似的人才同样重要。这要求我们在价值观一致的基础上，强调行为风格和思维方式的多样性。

选拔完人才后，还需对其进行后续培养。在培养过程中，要明确期望并充分授权。明确期望，即管理者与员工就个人发展达成共识；充分授权，则意味着让员工在具体事务中锻炼成长。需注意的是，授权应侧重于事前的规划与事后的反馈，事中则避免过多干涉，仅提供约定的关注与支持。此外，还需建立有效的反馈机制。

在明确期望时，需遵循"不承诺晋升"的原则，即"我们培养你，但不承诺提供职位晋升"。管理者只需明确培养意向与计划，避免做出超出成长范畴的承诺。一方面，员工能否成为团队核心或晋升至更高职位，取决于其能力与所创造的价值，而非口头承诺。另一方面，这也为培养失败预留了退路，避免因无法兑现承诺而导致人才流失。

梯队培养：层级搭配不断层

招聘对于任何企业而言，都是至关重要的环节，但这并不意味着招聘完成就万事大吉。实际上，招聘只是人才战略的第一步，而人才的培养与发展才是更为关键的第二步。正如一位企业家所言："一个公司要成长主要取决于两样东西，一个是员工的成长，一个是客户的成长。"

管理团队成员通常可被划分为高层管理者（如总监级）、中层干部（如部门主管）以及基层员工（执行层）三个层级。每个层级在业务水平、能力要求以及所承担的责任和技能方面均有所不同。

高层管理者，即企业的决策核心，所有重大决策均需经过他们的审慎考量。在中小企业中，虽然人性化管理思维较为普遍，但每个岗位都有其明确的工作职责、目标、标准和考核机制。当然，以制度建设为主导的企业也存在，特别是在"95后"逐渐成为职场主力的当下。

中层干部则扮演着承上启下的关键角色。他们需准确传达并落实高层领导的决策，接受领导的考核；同时，还需监督基层员工履行职责，执行公司要求和目标，并增强团队凝聚力，使员工对自己的岗位充满责任感和归属感。因此，中层干部不仅需具备出色的业务能力和水平，还需拥有团队建设的亲和力和融合力，既能指导员工生产和工作，又能带领团队形成整体合力。

基层员工是执行层的核心力量，他们只需在自己的岗位上尽职尽责，做好本职工作，与同事保持和谐关系，并遵守公司规章制度，即可被视为优秀员工。

团队是一个动态的组合过程，执行层员工也有机会晋升为管理层。因此，企业必须重视团队梯队的建设。那么，如何构建团队梯队并实现层级的无缝衔接呢？我们可以借鉴华为的资源池模式。华为的资源池分为三个梯队来培养人才。

第一梯队：即刻上任。这一层级包括准备度最高、可立即上任的候选人。组织中即刻上任层级的人才越多，组织的活力和战斗力就越强。

第二梯队：一级之遥。这一层级包括预计在一到两年内能够上任的候选人。企业应关注他们缺乏的方面，并提供相应的培训和发展机会。

第三梯队：两级之遥。这一层级包括预计在四年左右能够上任的候选人。他们通常是年轻且潜力巨大的员工，不能仅凭资历晋升，需要通过跨级别的培养和锻炼来提前准备。企业应为他们提供项目历练和培训机会，以助其更好地应对未来的职责。

根据华为的资源池模式，我们可以得出以下结论：在团队梯队建设中，管理者不应直接带领两级之遥层级的候选人组成团队。因为他们虽然潜力巨大，但尚未经过充分历练。一旦管理者出现特殊情况，无人能够迅速"顶替"，就可能导致团队崩溃和项目停滞。因此，团队梯队的建立应确保有一两个即刻上任层级的候选人作为"后备干部"，这样的搭配才能实现层级的无缝衔接，确保团队在任何情况下都能保持足够的战斗力和稳定性。

让晋升的下一步清晰可见

在企业战略向执行转化的过程中，管理者与专业人才的挑战和压力尤为凸显。人才发展呈现出多元化趋势，一部分人才深耕专业领域，成为如研发、销售、运营、人力资源及财务等领域的专家，他们在推动企业事务中发挥着关键作用。然而，企业仅凭专家思维难以支撑企业的全面发展。正如华为董事长任正非所强调的，人才的最高境界在于成为领袖，无论是思想领袖还是战略领袖。因此，企业亟须培养一批兼具专家素养与领导才能的人才，涵盖专家与管理干部两大群体。

然而，当前许多企业存在的一个显著问题是，晋升通道模糊，缺乏专业人才的发展路径规划。这种做法潜藏风险，因为缺乏专业人才储备的企业难以维持其核心竞争力。即便是中小企业，也应重视构建任职资格体系，明确级别层次，并畅通晋升通道。

设置条件，指明方向

我们上节讲述如何搭建梯队，其中最重要的一点就是要给员工一个明确的晋升方向，让他们知道未来的发展方向是什么，以及他们想往哪个方向走。每一个岗位的晋升条件是不一样的，每一个岗位的考核标准也是不一样的。例如，在短视频团队中，专员（运营、文案、剪辑）的考核侧重于工作数量和业绩；管理层（主编、运营经理）则更看重个人业绩与项目管理能力；高管（总监、总编）需评估其业绩与团队架构管理能力；总经理则以利润为关键考核指标。

为建立系统的人才培养计划，企业应设定具体的晋升条件，涵盖绩效、业绩或产出、技能/学习及团队培养等方面，具体如表5-13所示。

表5-13 晋升条件设置

晋升条件设置			
绩效条件	业绩或产出条件	技能/学习条件	团队培养条件
常见的晋升条件需与绩效完成状况挂钩，不同的岗位对应不同的绩效达标率条件	销售或其他产出型的岗位的晋升条件设置可与产出挂钩，所设置的条件与企业战略目标相关	职能或其他岗位的晋升条件中可以设置技能/学习条件	尤其是管理线的职位晋升，需要重视团队培养技能。既能对主管有要求，同时又能扩充企业人才

续表

晋升条件设置			
绩效条件	业绩或产出条件	技能／学习条件	团队培养条件
比如：12月绩效平均达标率 ≥ 75%	比如：12月业绩 ≥ 500万元人民币；新客户数业绩 ≥ 200万元人民币	比如：英语技能考试；资格证书获得；设计工具学习	比如：团队内人员晋升到高级的 ≥ 2人

通过设定明确的晋升条件，员工能够清晰了解个人努力的方向及晋升所需达成的标准。这不仅有助于员工在职业道路上保持清晰的目标感，还能有效减少其在职业发展中的迷茫与困惑。

明确路径，激发潜能

企业通过建立层次分明、结构清晰的职级体系，如销售专员、中级销售专员、高级销售专员、销售主管、销售经理及销售总监等职位，并为各岗位赋予明确的角色定位与职责划分，来构建一套完善的职业发展框架。下面以一家迅速崛起的科技公司为例进行说明。

假设该科技公司拥有一支销售队伍，从初级销售专员至销售总监，晋升通道清晰明了。公司确立了详尽的晋升条件和标准，这些条件不仅包含销售业绩这一硬性指标，还综合考量了员工团队协作能力、领导力、市场洞察力等多维度能力。

初级销售专员需达成既定的销售业绩，并展现出良好的沟通技巧和客户服务理念，方能晋升至中级销售专员。而中级销售专员则需在此基础上，进一步展现出强大的团队协作能力与初步的市场分析能力。

当销售专员晋升至高级或资深销售专员层级时，除销售业绩外，公司会更加关注其在团队中的影响力、新市场开拓能力以及潜在的领导才能。此时，他们可能需要领导团队完成关键项目，或参与销售策略的制定工作。

最终，他们在准备迈向销售经理或销售总监职位时，除了拥有持续增长的业绩，还需展现出卓越的领导力、战略思维以及团队管理技能。他们需能够规划并执行整个销售团队的策略，同时具备跨部门协作与资源整合的能力。

为使晋升条件更加直观清晰，公司可编制详尽的晋升手册或职业规划指南，明确各职级的职责范围、晋升标准与发展轨迹。此外，公司还可定期举办职业规划研讨会或提供一对一的职业辅导服务，帮助员工更深入地了解自身的职业发展路径。

通过上述设计，员工能够清晰地洞察自己在销售团队中的成长路径，以及每个阶段所需达成的标准与应具备的能力。这不仅能有效激发员工的潜能与积极性，还可确保公司销售团队的人才储备与持续发展。

同时，公司可通过设立内部培训计划与外部学习机会，助力员工提升能力与技能，为其未来的晋升奠定坚实基础。此外，建立公平、透明的晋升机制，确保每位员工都能获得平等展现自身能力与潜力的机会，也是企业实现人才梯队建设的重要一环。

讲明细节，强化意义

晋升作为员工职业生涯的关键节点，不仅标志着企业对其个人成就的认可，更是推动企业持续发展的重要动力。员工通过践行公司价值观、创造高绩效，期望获得组织的认可，而晋升往往成为这种认可的直接体现，助力员工实现人生价值。

同时，晋升机制在组织内部也十分重要。它既是保留优秀人才的有效手段，也是构建人才梯队、提升组织效能的关键。通过晋升，优秀员工能在更广阔的平台上发挥潜力，为组织创造更大价值。

1. 晋升需谨慎：避免彼得原理的陷阱

晋升决策需谨慎，需全面评估员工在当前岗位的绩效及胜任新岗位的能力。美国学者劳伦斯·彼得（Laurence Peter）在对诸多组织中的人员晋升案例进行研究之后，得出这样一个结论：组织习惯于对在某个等级上称职的人员进行晋升提拔，因而员工总是趋向于被晋升到其不能胜任的岗位，这就是我们所熟知的彼得原理。因此，在员工晋升前，企业务必对其进行充分的评估，确保其能够胜任新岗位。如果把一名优秀的员工晋升到他难以胜任的岗位，会造成员工的不自信，员工会表现出较差的绩效，甚至可能导致人员的流失。以下两个案例提供了深刻的启示。

案例1：

有一位负责产品性能开发和测试的工程师，他的工作表现一直很优秀，专业贡献也得到公司各级领导的认可，不久便晋升到性能开发部经理岗。但三个月后，他却向公司提出申请，要回到原来的工程师岗位。他认为，开发产品让他很有成就感；而担任管理者，每天面对员工会让他很烦躁。公司最终同意他的申请，让其继续担任性能工程师。这个安排对员工本人和公司来说都算是很理想的结果。

案例2：

李某在公司担任销售经理一职，在岗位上绩效表现较好。恰逢公司运营中心总监离职，岗位空缺，公司顺势提拔他担任总监。当时曾有人提出："从综合能力上看，李某担任经理一职是可以胜任的，但与总监岗位还是有差距的。"公司考虑到招聘已久却迟迟没有合适的人选，运营中心总监岗位一直空缺也会影响业务的发展，无奈之下提拔了李某。几个月后，运营中心的业绩毫无起色，公司慢慢对李某失去信心。他本人也越来越气馁，熬了一段时间，便提交辞呈，离职而去。公司也失去了一名优秀的销售经理。

与案例1中的员工相比，案例2中的这位员工的结局对其个人和公司来说，是双输的结果。对于组织而言，晋升决策的影响力远超个人范畴，它波及整个组织体系，上下各级员工均会受其影响。晋升不仅是对个人成就的认可，更是一种象征性的信号，在组织中持续传递，明确告知所有成员："这是公司倡导并奖赏的员工特质及行为模式。"这种信号无形中塑造着员工对未来的预期和行动倾向。

同时，晋升决策是展现公司核心价值观的窗口。员工对价值观的认同与实践，并非仅仅依赖于管理层的言辞或公司的宣传材料，而是更多地通过观察身边晋升的实例来形成判断。这些实例为员工提供了直观的价值导向，促使他们通过观察同事的晋升情况，形成自己的价值认知，并进而采取趋同的模仿行为。这种外化的模仿，正是企业真实价值观和组织文化的生动体现。

因此，晋升决策的制定需谨慎而周密，以确保其能够准确反映公司的价值观，并有效引导员工的行为，为组织的持续发展奠定坚实基础。

2.晋升通道差异化：因材施教，各展所长

当前，很多企业已构建员工职业发展的双通道体系，涵盖管理序列与专业序列，员工可根据岗位特性选择适宜的晋升通道。然而，在处理管理人员与专业人员的晋升事宜时，尽管部分公司采用相似流程，但鉴于管理序列与专业序列的本质差异及岗位评估标准的迥异，企业必须分别设计晋升流程和规则。

专业序列人员的晋升，其核心在于专业能力的持续提升，旨在应对更高难度的项目和任务，通过深厚的专业知识和精湛技能创造价值。因此，专业岗位的晋升应严格基于专业能力达标情况。在成熟且规范的企业中，一旦员工能力满足晋升标准，系统将自动触发晋升申请流程。

专业序列晋升受专业人才结构影响，而管理序列晋升则受岗位编制制约。管理岗位晋升以岗位需求为导向，即仅当组织架构中出现管理岗位空缺时，方可考虑晋升。管理岗位编制需与公司业务规模相匹配，遵循组织设计原则。为提升组织运行效率，企业应合理规划管理岗位，避免为单一晋升而增设岗位，导致组织臃肿。

无论是专业序列还是管理序列的晋升，均需遵循一个核心原则：只有当员工的职责内容与责任范围发生变化时，其头衔方可调整。因此，在晋升决策中，晋升评审委员会务必确认岗位职责和要求是否发生变化。若晋升前后岗位职责和要求保持一致，则应严格控制晋升，避免组织资源浪费，确保晋升发挥应有价值。

在员工晋升过程中，需明确区分两种情况：一是岗位名称不变，仅涉及小职级调整；二是岗位名称改变，属于大职级跨越。部分企业设立任职资格体系时，将职级细分为大职级与小职级，小职级内再设基础等、普通等和职业等。小职级调整主要评估专业水平层次，而大职级调整，如从专业二级晋升至专业三级，则需综合考量员工的能力水平。

3. 岗位定级与晋升节奏

在一次年度晋升评审会议上，一名员工的晋升述职结束后，评委们聚焦于其晋升级别的讨论。该员工即将从八级经理晋升为九级总监，而讨论的焦点并非其能力是否满足晋升要求，而是该岗位是否有必要设定为九级总监级别。

这引出了一个核心且复杂的问题：岗位价值与定级。在管理体系成熟的企业中，各岗位的职级上下限通常较为清晰。若员工职级已达岗位通道上限，继续晋升则可能意味着高级别员工从事低价值工作，造成资源浪费。因此，员工需寻求其他晋升通道以获得更高职级。

从组织管理的视角出发，公司需合理控制员工的晋升节奏，这对员工的成长速度和人才保留至关重要。晋升节奏受公司外部环境影响，若外部环境动态多变，公司需推动员工学习新知识、新技能，可适当提高晋升频次；若外部环境稳定，则可适当放缓晋升节奏。

此外，晋升节奏还需与员工层级相匹配。对于低级别岗位员工，宜采用"小步快跑"的晋升策略，以激励和保留优秀人才；而高级别岗位晋升则需遵循稳步前行的原则，这既是因为技能积累需要时间，也是为了优化人才结构、控制企业成本。最后，公司还需参考行业内其他企业的晋升节奏，以避免因晋升节奏过慢而导致优秀人才流失。

4."事必躬亲"是关键

高管层在员工晋升的关键决策中扮演着不可或缺的角色，这些决策不仅是管理者价值观和信仰的体现，更将决定组织未来管理层的特质，对组织专业水平的发展产生深远影响。为优化决策流程，公司可制定晋升分级管理制度，赋予用人部门在低职级员工晋升上的决策自主权，同时确保高职级员工的晋升决策与公司价值观和用人标准保持一致。

企业的核心竞争力，并非单纯的人才本身，而是其构建的能够高效吸引、培养和保留人才的机制。晋升机制作为人才决策机制的核心组成部分，对人才的成长和留存具有至关重要的作用。因此，公司需精心设计晋升机制，明确晋升标准和条件，合理规划专业人才的发展路径和头衔体系。这不仅关乎人才策略的有效实施，更是公司价值观得以践行的重要体现。

职级体系构建案例

在现代企业管理的框架中，构建职级体系是一项基础性工作，为薪酬体系的搭建奠定基石。简而言之，职级体系包含职位等级表、各职级薪酬区间及岗位与职级的对应关系。其建立旨在确保薪酬的内部公平性，成为定薪与调薪的基准，对于员工激励与职业发展至关重要。

核心概念阐释：职系、职级、职位与职等

职系、职级、职位与职等作为人力资源管理的核心概念，构成了企业职位管理体系的基石。这些概念为薪酬管理、人员选拔与晋升等关键环节提供了有力支撑。接下来，我便对这些概念进行阐释。

1. 职系

职系是指工作性质高度相似，但责任、难易程度及资格要求各异的职位集合。划分职系的依据是工作性质，同一职系内的职位，其工作性质必须保持一致或高度相似。例如，在工程领域，电气工程、土木工程、机械工程等可各自构成一个职系。

2. 职级

职级是在同一职系内，根据工作复杂度、责任大小及所需资格条件对职位进行的细分。同一职级内的职位，其资格条件（如教育背景、工作经验、知识技能）相近，便于采用统一的选拔标准、管理方法及薪酬体系。职级通常是如下划分的。

实习生：通常指在企业进行实习工作的在校学生。

初级职员：通常是指刚入职，拥有一定的专业技能和知识储备，但工作经验较少的员工。

中级职员：通常是指工作经验较丰富、能够独立完成任务，并具有较强的管理能力的员工。

高级职员：通常是指拥有多年工作经验，且在某一专业领域内拥有深厚的知识储备和丰富的实践经验的员工。

主管/经理：通常是指具有管理能力和领导能力、能够管理和指导下属的工作、负责业务或部门的管理和运营的员工。

高级主管/高级经理：通常是指在企业内部拥有一定的权威和地位，能够对企业的业务和战略做出重要决策、对企业的运营和发展起到关键作用的员工。

总监/总经理：通常是指企业中的高管层，拥有广阔的视野和长远的战略眼光，能够制定企业的战略规划，并对整个企业的运营和发展负责。

企业可根据实际情况调整职级划分。

3. 职位

职位由职务、职责与职权构成，是工作行为、义务与权力的集合体。职位以"事"为中心，数量有限，由组织规模、任务、经费等因素决定，具有相对稳定性，但非终身制。职位的确定需遵循一定标准，包括名称、内容、责任、条件等，并由上级主管部门依据职能与职权分配决定。

4. 职等

职等是跨序列岗位的等级划分，便于横向比较，如财务经理、销售经理、人力资源经理同属一职等。与职级不同，职等关注工作跨度与应对能力，而职级则侧重于工作深度与专业素质。职级构成纵向结构，职等构成横向结构，二者共同构成企业职位管理的立体框架。

在企业的人力资源管理中，职系、职级、职位与职等的构建与管理共同支撑起了一个完整而复杂的职位管理体系。这个体系不仅为企业的薪酬管理、人员选拔与晋升提供了清晰的路径和标准，更促进了企业内部人员的合理流动与优化配置。通过不断完善和优化这一体系，企业能够更好地吸引、保留和激励人才，进而提升企业的整体竞争力和持续发展能力。在未来的发展中，企业应继续关注这些核心概念的变化与发展，以适应不断变化的市场环境和人才需求。

职级体系案例剖析

在职业生涯的旅途中，一个条理清晰的职级体系对于员工的个人成长和公司的稳定发展均具有举足轻重的作用。以下，我们通过两个鲜活的案例，深入剖析职级体系的关键价值。

案例 1：

小张和小王是大学同班同学，毕业后他们各自选择不同的公司。小张进入一家有着完善职级体系的 A 公司，而小王则选择 B 公司。在小张的 A 公司，每个职位都有明确的职责、薪资和晋升空间，小张可以根据自己的能力和表现，一步步晋升到更高的职位。他在入职之初就了解自己的晋升路径，因此对自己的未来充满期待和信心。

相比之下，小王所在的 B 公司并没有明确的职级体系。他的薪资和晋升完全取决于老板的意愿和公司的业绩。三年过去了，小王对于自己的职业发展仍然感到迷茫和焦虑。他不知道自己是否已经达到晋升的标准，也不知道自己的未来会走向何方。

在该案例中，两家公司的对比如下。

（1）A公司：有职级体系的公司

- 员工级别和待遇清晰明确。
- 员工可以清楚了解自己的晋升路径和未来发展。
- 小张同学能够谈到未来的职业规划，如成为主管或经理。

（2）B公司：缺乏职级体系的公司

- 薪资和晋升依赖老板的评估，缺乏明确标准。
- 员工对未来的发展感到迷茫和不确定。
- 小王同学对未来感到焦虑，不清楚自己三年后会怎么样。

此案例有力证明，清晰的职级体系能助员工明确职业方向，激发员工的工作热情，减少其在职业发展中的不确定感，进而提升其满意度与忠诚度。

案例2：

在一家初创企业C公司中，存在着与职级体系相关的问题。C公司的老员工跟随老板多年，但由于初创时期薪资水平普遍较低，他们的基本工资并不高。随着公司的不断发展，新员工陆续加入，但由于缺乏明确的职级体系，有些新员工的薪资甚至超过老员工。这种情况引发老员工的不满和抱怨，也影响了团队的稳定性和凝聚力。

为了解决这个问题，公司决定引入职级体系，根据员工的职级、能力和贡献来设定薪资水平。新员工入职时，根据其能力和经验进行职级定位，确保薪资与职级相符。这样一来，老员工不再因为薪资问题感到不满，新员工也能明确自己的发展路径，团队氛围得到极大的改善。

在 C 公司案例中，老员工因薪资低而心生不满，新员工薪资倒挂现象更添团队矛盾。职级体系的缺失，导致薪资分配不公，新老员工间矛盾激化。

C 公司的应对策略是构建明确的职级体系，确保薪酬与员工职级、能力与贡献相匹配，而非仅凭入职时间。这一举措为薪酬管理提供了更为公平、透明的机制，有效解决了新老员工间的薪资冲突，促进了团队和谐，激发了员工的工作热情与创造力。

综上所述，职级体系在员工职业规划、团队建设与薪酬管理等方面均发挥着核心作用。构建清晰的职级体系，有助于员工明确发展方向，减轻职业发展焦虑；同时，也有助于企业实现薪酬管理的公平与高效，促进团队和谐与高效运作。

职级体系表格分享

以下职级体系（表 5-14）是依据深厚的专业知识基础与丰富的咨询实践经验，结合众多中小企业在人才发展方面的实际需求精心设计的。同样地，企业在构建自身的职级体系时，应当充分考虑企业的规模大小、当前的人才状况、未来的人才需求以及人才激励策略等实际情况，以确保所设计的职级体系既能满足企业发展的需要，又能为人才提供合理的职业发展空间和晋升机会。

通过表 5-14，企业可以清晰地看到不同职级之间的划分标准、晋升要求以及相应的职责和待遇，从而为员工提供一个明确而富有吸引力的职业发展路径。这样的职级体系不仅有助于激发员工的工作热情和积极性，还能提升企业的整体人才竞争力，为企业的持续发展奠定坚实的基础。

表5-14 职级体系案例（人力资源）

人力资源行政岗位职位体系

职位名称		试用期/实习生	初级人资/行政专员/初级招聘专员	中级人资/行政专员/中级招聘专员	高级人资/行政专员/高级招聘专员	资深人资专员/人资主管	专家级人资专员/资深人资主管	人力资源经理总助	资深人力资源经理兼总助	职能总监兼总助
职位级别	专业线	N	P1	P2	P3	P4	P5	/	/	/
	管理线	/	/	/	/	M1	M2	M3	M4	M5
基础工资	岗位工资	2500	2500	2700	2900	3100	3300	3500	3700	3900
	保密费	1000	1200	2000	2500	3000	4200	4500	5000	5500
补贴	餐补	800	800	800	800	800	800	1000	1000	1000
	房补	0	0	0	0	0	0	0	0	0
津贴	管理津贴（M）	0	0	0	0	800	1200	200	3000	3500
浮动工资	资历贡献	0	0	0	0	0	0	0	0	0
	绩效峰值	1000	1500	1500	2000	2500	3000	4000	4000	5000
总薪资最高值		5300	6000	7000	8200	10200 10700	12000 12500	13200	16700	18900

第五章 人才发展设计

续表

人力资源行政岗位职级体系

职位名称	试用期/实习生	初级人资行政专员/初级招聘专员	中级人资行政专员/中级招聘专员	高级人资行政专员/高级招聘专员	资深人资/资深人资人资主管	专家级人资专员/资深人资主管	人力资源经理总助	资深人力资源经理兼总助	职能总监兼总助
工作经验	/	0~2年	1~3年	2~5年	4~7年	5~8年	6~9年	7~10年	10年以上
考核周期	3个月	6个月	12个月	12个月	12个月	18个月	18个月	24个月	/
晋升条件 - 工作成果	绩效达标率≥80%；综合评估上级评估	绩效达标率≥85%	绩效达标率≥88%	绩效达标率≥90%	P5：年度绩效达标率≥90%；年度招聘完成率90%	M5：绩效达标率≥90%；12个月招聘完成率≥90%	18个月绩效达标率≥90%；18个月度招聘完成率≥90%	24个月绩效达标率≥90%；24个月招聘完成率≥90%	24个月绩效达标率≥90%；24个月招聘完成率≥90%
晋升条件 - 特殊技能		劳动法考试通过	劳动法考试通过+绩效推动能力	劳动法考试通过+绩效推动能力	规则维护能力+主导绩效改善	组织全员团建能力+制定管理规则	管理要求	管理要求	管理要求
晋升条件 - 晋升答辩	√	√	√	√	√	√	√	√	√
价值观评估	一年四个季度中，每个季度排名，价值观总分排在全公司前五的次数≥2次								

153

续表

人力资源行政岗位职位体系

职位名称	试用期/实习生	初级人资行政专员/初级招聘专员	中级人资/行政专员/中级招聘专员	高级人资/行政专员/高级招聘专员	资深人资专员/人资主管	专家级人资专员/资深人资主管	人力资源经理总助	资深人力资源经理兼总助	职能总监兼总助
试用期转正条件	岗位绩效数据考核：试用期三个月绩效达标率均值≥80% 综合能力评估考核：通过综合能力评估：7天PPT+14天面谈+30天PPT+90天PPT（详见不同时间述职评估表格+14天人才盘点报告） 团队配合度考核：上级综合评估打分：团队融合度+公司价值观（活动参与度+临时工作任务配合度） 培训学时考核：三个月完成新人入职培训，具体的培训课程内容详见《新人入职培训流程》
降低条件	连续两个月绩效达标率≤晋升目标×70%
淘汰条件	连续两个月绩效达标率≤45%

第五章 ◎ 人才发展设计

续表

人力资源行政岗位职级体系

职位名称	试用期/实习生	初级人资 行政专员/ 初级招聘专员	中级人资 行政专员/ 中级招聘专员	高级人资 行政专员/ 高级招聘专员	资深人资专员/ 人资主管	专家级人资专员/资深人资主管	人力资源经理总助	资深人力资源经理兼总助	职能总监兼总助
定义说明	薪资组成 试用期薪资：基础工资+岗位津贴（预估薪资） 转正后薪资：基础薪资+津贴补贴+绩效工资（匹配对应级别的薪资） （关于转正后岗位津贴的转换分配：试用期薪资为预估薪资，通过试用期的数据、考核、能力会体现出来匹配对应级别的薪资，所以试用期的岗位津贴补贴的薪资，就会转化为对应级别的薪资，保密费等津贴补贴，包括绩效对应级别的薪资） 资历津贴标准：资历津贴为浮动津贴，入职时薪资在两个级别之间，通常级别为较低一个级别的，薪资在资历津贴中补足，如果级别晋升，资历津贴则被覆盖，薪资按照新的级别走，不再额外享有原有的资历津贴									
备注	P级晋升到P级，不需要培养人员；P级晋升到M级，需要培养人员（新人转正后近三个月绩效均值≥80%）|								
生效日期	该职级通道自××年×月×日起生效，公司有权根据实际经营情况进行调整。|								
知悉确认（签名+日期）	我已知悉上述文件细则，并愿意按公司要求执行。 签名：　　　　　　　　　　　　　　　　日期：|								

155

第六章

助力梯队建设的提成方案

第六章 ◎ 助力梯队建设的提成方案

企业在运营过程中,常将提成制作为绩效奖金核算的一种方式。该方式依据个人或团队所达成的业绩,按照预设的比例和标准进行奖金分配。提成制主要适用于那些工作成果能够明确量化且直接关联到产值、营业收入或利润增长的岗位。作为绩效奖金核算的一种直接且简洁的方式,提成制的实施为企业带来了多方面的益处。

首先,在激励效应方面,提成制通过直接关联员工收入与工作业绩,使员工深刻认识到个人工作成果与经济利益之间的紧密联系。这种经济激励方式能够激发员工的积极性和创新精神,驱动他们更加努力地追求卓越业绩,从而为企业创造更多价值。

其次,在奖金分配合理性方面,传统的薪酬体系往往难以精确评估每位员工或团队的贡献,导致收入分配存在不合理之处。而提成制则依据实际业绩达成情况来分配奖金,确保了那些付出更多努力、取得更优业绩的员工或团队能够获得应有的回报,从而实现了更为公平合理的收入分配。

再次,提成制还与企业战略目标相契合。企业在制定提成比例和标准时,通常会充分考虑自身的战略目标和业务特点。这样一来,员工在追求个人业绩的同时,也能够在无形中推动企业整体战略目标的实现。例如,对于需要拓展市场份额或提升销售额的岗位,企业可通过设置较高的提成比例来激励员工积极开拓市场、吸引更多客户。而对于需要降低成本、提高效率的岗位,企业则可设定与成本节约或效率提升相关的提成标准,引导员工关注这些关键领域。

最后,在设计提成激励机制时,企业应确保提成的计算过程清晰明确、易于理解，并具备足够的激励性。员工应能够明确知道完成一项任务、生产一个产品或设计一张图纸所能获得的奖金数额，从而通过提升自身能力和努力工作来实现这些目标。

提成维度并不单一

提成制作为企业激励机制的核心构成，其精妙设计不仅深刻影响着员工的薪酬结构与工作动力，更与企业战略目标的实现及经济效益的提升息息相关。在构建提成指标框架时，企业应综合考虑两大维度：基础提成与双维度（或多维度）提成策略。

维度一：基础提成策略

基础提成是提成制的基本形态，其核心在于依据员工或团队所达成的业绩成果进行提成计算。这一机制紧密贴合企业战略导向，通过设定差异化的业绩目标与提成比例，有效引导员工向企业战略蓝图迈进。表6-1至表6-5详细展示了基于PI业绩[①]、新客户业绩、新客户数及新市场业绩等不同维度的提成点设定实例，这些实例不仅体现了业绩与提成的直接关联，也为企业提供了量化考核与精准激励的参考模板。

表6-1展示了不同PI业绩区间对应的提成比例——从0.5%至

---

① PI（proforma invoice）是一种形式发票，也被称为预发票，是卖方发给买方的销售凭证，用于通知买方货物的价格、数量、付款方式等信息。PI业绩通常是指基于PI金额所计算的业绩。——编者注

1.5%。随着业绩的增长，提成比例相应提升，旨在激励员工追求更高业绩。

表 6-1　PI 业绩与提成点

PI 业绩	提成点 (%)
100 万元以下	0.5
100 万（含）~ 150 万元	1
150 万（含）~ 200 万元	1.2
200 万元（含）以上	1.5

表 6-2 采用阶梯式提成设计，针对新客户业绩的不同区间设定了相应的提成点，鼓励员工积极开发新客户资源。

表 6-2　新客户业绩与提成点

新客户业绩	提成点 (%)
20 万元以下	0.5
20 万（含）~ 40 万元	1
40 万（含）~ 50 万元	1.2
50 万元（含）以上	1.5

表 6-3 通过将新客户数纳入提成考核，进一步激发员工拓展市场的积极性。

表 6-3　新客户数与提成点

新客户数	提成点 (%)
5 个以下	0.5
5 个（含）~ 7 个	1
7 个（含）~ 10 个	1.2
10 个（含）以上	1.5

表6-4体现了企业对新市场开发的重视，通过提成激励，促进员工在新市场的业务拓展。

表6-4　新市场业绩与提成点

新市场业绩	提成点(%)
30万元以下	0.5
30万（含）~60万元	1
60万（含）~80万元	1.2
80万元（含）以上	1.5

表6-5综合了PI业绩、新客户业绩、新客户数及新市场业绩多个指标，可为企业提供综合考量员工业绩与贡献的提成方案示例。

表6-5　各指标综合提成点

PI业绩	新客户业绩	新客户数	新市场业绩	提成点（%）
100万元以下	20万元以下	5个以下	30万元以下	0.5
100万（含）~150万元	20万（含）~40万元	5个（含）~7个	30万（含）~60万元	1
150万（含）~200万元	40万（含）~50万元	7个（含）~10个	60万（含）~80万元	1.2
200万元（含）以上	50万元（含）以上	10个（含）以上	80万元（含）以上	1.5

注：各指标综合提成点需要根据企业本身的情况进行设定，本表格只作展示。

通过基础提成的精心设计，企业不仅实现了对员工业绩的量化评估与精准激励，更在无形中增强了员工对企业的认同感与忠诚度，为企业的持续发展注入了强劲动力。

维度二：双维度提成策略

双维度提成策略是对传统基础提成制度的深化与拓展，旨在通过引入第二个评估维度，更精确、全面地衡量员工的业绩与贡献。这一策略在销售领域尤为重要，特别是在解决销售人员定价权、业绩差异及销售效率等问题上展现出显著优势。

在中小企业的发展初期，基于业绩单一维度的提成制度能够有效激发销售团队的积极性。然而，随着企业规模的扩大和销售业绩的攀升，单一提成制度就会逐渐暴露出局限性。部分销售人员为追求更高业绩，可能会牺牲公司利润，通过降低售价等手段提升个人收益，这种行为虽短期内能增加个人收入，但长期而言将损害企业利益，无法实现双赢。

为平衡企业与员工之间的利益矛盾，双维度提成策略应运而生。该策略的第一个维度依然聚焦于业绩目标，确保销售团队保持高效运转和持续动力。第二个维度则引入溢价机制，即赋予销售人员在一定范围内的定价权，但需在公司设定的指导价框架内操作。这一机制促使销售人员在考虑订单时，既要关注业绩目标的达成，也要兼顾公司的基本利润点。通过溢价率的核算，企业能够清晰评估销售人员在提升业绩的同时，是否也为公司带来了相应的利润增长。

双维度提成策略的优势在于其双重激励效应：一方面，它能激励员工努力完成业绩目标；另一方面，它可以通过溢价机制确保公司利润不受损害。在实际应用中，这一策略可根据企业实际情况灵活调整。例如，当销售团队面临原有产品或市场难以拓展的困境时，可增加新市场或新产品的业绩维度，以驱动销售人员挖掘新的市场机会，同时稳住原有市场。此外，当销售团队在稳定客户资源的基础上对新客户开发有所懈怠时，可将新客户业绩与总业绩作为两个维度进行权衡，以激发销售人员的积极性。

以智能手表客户为例，由于产品定价权及供应链价格波动等问题，销售人员与公司在订单利润上常产生分歧。为解决这一矛盾，我们引入了双维度提成方式，设定基准价和溢价率。销售人员基于基准价进行溢价时，有可参考的指导价，能够清晰了解订单的利润空间，从而在谈判中为公司争取更多利益。这一策略有效解决了销售人员与公司之间的利润分歧，提升了销售效率。

还有一个案例是包装机械制造商客户。由于产品交易周期长、客单价高，销售团队中业绩衡量与提成分配尤为重要。过去仅凭业绩计算提成的方式导致出现了不公平的现象。为解决这一问题，我们同样引入了双维度提成策略，除考虑业绩外，还特别强调溢价率这一维度。这一策略激励销售人员为公司创造更高利润，同时也促使他们努力改善与客户的谈判，提高溢价率和自身提成。

在双维度提成策略中，企业还可根据实际需要引入其他维度，如客户满意度、客户维护成本、产品质量等，以便更全面地评估员工的贡献和价值。这种综合评估方式可避免单一维度导致的片面评价，确保提成制度的公平、合理和有效。

需要注意的是，在实施双维度提成策略时，企业应确保各维度的权重和提成比例设置合理，避免出现偏差或不平衡。同时，企业还需定期对提成制度进行评估和调整，以适应市场变化和企业发展的需要。通过不断优化和完善提成制度，企业能够激发销售团队的积极性和创造力，为企业创造更大的价值。

提成点如何设置？

提成点的设置，实质上是企业与员工之间寻求最佳利益平衡点的过程。那么，如何科学合理地设定提成点呢？

首先，明确目标至关重要。企业应为销售员设定具体的销售目标，这些目标通常基于历史销售数据和市场预测来确定。一旦目标确定，我们可以进一步推算出与之对应的销售员全年预期总收入。例如，若销售员全年销售目标为2000万元，我们可能会预设其全年总收入为40万元。

其次，企业需从预设的全年总收入中扣除销售员的基本工资、绩效工资以及预留的年终奖（通常为总收入的10%至15%），将剩余部分作为销售员完成销售目标后可获得的最高提成总额。

最后，企业需考虑销售员的历史业绩，以此为基础设定最低和最高提成点。最低提成点旨在确保销售员达到基本业绩水平时的收入保障；而最高提成点则用于激励销售员冲刺更高的销售额。例如，完成2000万元销售额可获得40万元提成，完成1500万元可获得30万元，而仅完成1000万元则可能仅获得20万元。

在确定这些大方向后，企业需进一步细化每月的业绩目标，并据此调整提成点。这一调整需充分考虑企业自身的利润状况。例如，若2000万元销售额中利润为100万至200万元，提成点的设计应有所不同，以确保企业利润与员工收入之间的合理平衡。

一般而言，企业会根据销售员创造的利润的10%至20%来设定提成点，部分激励型企业甚至可能达到30%。但需注意，这些比例并非固定不变的，需根据企业的实际情况和目标进行调整。

此外，我们还应采用阶梯式提成制度，以确保销售员的提成收入既不低于企业的运营成本线，又能提供足够的激励。阶梯式提成制度的设置应遵循一定规律，如前期档位跨度较大，便于销售员轻松跨越；后期档位跨度较小，以确保在达到一定业绩后，销售员需付出更多努力才能取得显著突破。

总之，提成点的设置应遵循"难度与收益成正比"的原则，即目标难度越大，或需突破的业绩越高，销售员之间的收入差距就应越大，这样才能有效激发销售员的积极性，推动其不断挑战自我，实现更高的业绩目标。

示例：销售型主管提成设置的多维度考量

销售型主管的提成设置，是一个需要深入分析与精细规划的环节。在为企业提供管理咨询服务的过程中，我们发现众多中小企业在初创期往往依赖少数销售精英支撑业绩。然而，随着市场环境的演变和企业规模的扩大，这些销售精英逐渐被提拔为销售主管，肩负起团队管理与业绩提升的双重责任。在此过程中，一个普遍问题逐渐显现：他们往往因过度关注个人客户和业绩，而忽视了团队的培养与发展。

探究其根源，许多中小企业在设置提成体系时，个人提成比例远高于团队提成，这导致销售主管在团队业绩初期不佳时，更倾向于将精力投入个人业绩，因为那是他们收入的主要构成部分。这种局面不仅阻碍了团队的成长，还加大了销售主管的工作压力，进而影响了整个团队的健康发展。

深入分析人性特点，人们往往更在意自己失去的东西，而非未曾得到的东西。在上述情境中，由于团队业绩未达标，销售主管获得的团队提成较低，导致他们在短期内看不到明显的收益增长。

针对这一问题，我们尝试调整提成机制，引入主管个人提成倍数制度。具体而言，销售主管在享受个人业绩高提成的同时，还能根据团队业绩获得额外的提成倍数。例如，若主管某月个人业绩为500万元，可获得3万元的个人提成，我们则设定一个倍数，将其转化为团队业绩收入。这样，销售主管能够清晰地认识到，团队业绩的优劣将直接影响他们的整体收入。

为了进一步强化这一机制的效果，我们引入了"小团队"概念，即除主管本人业绩外的其他团队成员业绩，主管的提成倍数由小团队业绩决定，以此激励他们更加关注团队发展。当主管发现个人提成虽高，但团队业绩不佳导致整体收入受损时，他们会逐渐意识到团队培养的重要性，从而调整工作重心。

此外，对于管理型主管，其个人业绩占比相对较低，主要依赖团队整体业绩来提升收入。因此，我们同样会根据小团队的整体业绩来设定他们的提成点，以确保其收入与团队业绩紧密挂钩。

中小企业在选择销售型主管还是管理型主管时，应充分考虑团队发展的阶段和实际需求。企业初创期可能需要销售型主管来快速带动业绩，但随着团队的成长和稳定，应逐渐过渡到管理型主管，以推动团队的持续发展和壮大。

这一提成设计的底层逻辑不仅适用于销售型主管，还可拓展至其他涉及提成的岗位，如国际站运营专员。他们的绩效结果应基于新客户业绩来设定提成，以确保激励措施的有效性和针对性。

同时，在提成设计过程中，企业还需考虑一些特殊情况。例如，对于战略性客户或承接的客户资源，应适当调整提成点，以确保提成体系的公平性和合理性。这些细节处理对于提成机制的有效运行至关重要。

提成方案设计的要点

本文旨在探讨B2B（Business-to-Business）销售提成方案的设计要点，并提供实际案例以供参考。B2B销售方案是指面向企业的销售策略和方法。在B2B销售中，一家企业将产品或服务直接销售给其他企业，以满足其需求和解决业务挑战。与面向个人消费者的销售（B2C）不同，B2B销售通常涉及大宗商品、设备、软件、咨询服务等企业间的交易。一个完整的B2B销售方案通常包括以下几个关键部分。

第一，目标客户分析。精准定位目标客户是B2B销售的首要步骤，需详细剖析目标客户的公司规模、行业特性、采购需求及购买决策流程，包括决策层、采购流程、关键决策因素等。深入了解这些信息有助于制定更具针对性的销售策略。

第二，竞争对手分析。企业要收集尽可能多的信息，这些信息包括产品与服务、市场策略与定位、销售渠道与市场覆盖、财务状况与业绩、技术实力与研发、市场反馈与评价等。在实际操作中，可以参考竞争对手的成功案例和失败教训，以便更好地调整自己的销售策略。

第三，目标设定。明确销售目标，包括年度销售额、市场份额及销售渠道规划（线上与线下）；同时，设定品牌发展目标，提升品牌知名度和美誉度，以建立行业领先地位。

第四，策略执行。运用多元化营销策略，如内容营销、社交媒体营销、电子邮件营销及线上广告等，以吸引并留住企业客户。这些策略需根据目标客户及市场环境进行灵活调整。

第五，客户关系管理。建立并维护良好的客户关系，通过提供卓越的售后服务和客户支持，增强客户忠诚度和满意度。这是B2B销售中不可或缺的一环。

需要注意的是，B2B 销售方案需要根据具体的企业情况、产品特点和市场环境进行定制，以确保其针对性和有效性。同时，随着市场和技术的发展，销售方案也需要不断进行调整和优化，以适应新的销售趋势和客户需求。以下是对提成方案设计的详细解析。

1. 设定销售员提成方式

利用"订单毛利法"改变传统单调的业绩提成点，结合订单毛利，实现共赢。我们以 B2B 市场的溢价率双维度提成为例（图 6-1）。

溢价率 \ PI业绩	50万元以下	50(含)万~100万元	100(含)万~150万元	150(含)万~200万元	200(含)万~300万元	300(含)万元以上
20% 及以上	2%	2.2%	2.4%	2.6%	2.8%	3.0%
16%(含)~20%	1.8%	2.0%	2.2%	2.4%	2.6%	2.8%
13%(含)~16%	1.6%	1.8%	2.0%	2.2%	2.4%	2.6%
10%(含)~13%	1.4%	1.6%	1.8%	2.0%	2.2%	2.4%
0~10%	1.0%	1.2%	1.4%	1.6%	1.8%	2.0%

图 6-1　设定销售员提成方式

- 坐标间隔的区间由完成难度而定。

- "20% 及以上"：该最大值是 B2B 市场的溢价上限。

- "1.0%"：这个提成点是企业的"盈亏平衡点"。

- "3.0%"：这个是整个提成的最大激励点，通常为公司利润的 20%~30%，具体按公司的利润来定。

2. 设定销售主管提成方式（销售型主管）

其计算方法为提成补充倍数驱动法，计算公式为：主管提成 = 个人销售业绩提成 × 提成补充倍数。采用 1+X 的团队编制，X 的业绩总和决定主管的提成补充倍数（表6-6）。

表6-6 设定销售主管提成方式（销售型主管）

小团队达成业绩	≥30万元	≥50万元	≥80万元	≥120万元	≥170万元	≥230万元
提成补充倍数	1.05	1.10	1.15	1.20	1.25	1.30

3.设定销售主管提成方式（管理型主管）

计算方法为小团队业绩驱动法，采用1+X的团队编制，X的业绩总和决定主管的提成点，主管以整个团队的业绩获得提成（表6-7）。

表6-7 设定销售主管提成方式（管理型主管）

业绩类型	小团队业绩	团队提成点（%）
提成比例	50万元以下	0.3
	50万（含）~80万元	0.6
	80万（含）~120万元	1.0
	120万元	1.3

4.设定销售经理提成方式（经理）

计算方法为大团队业绩驱动法，采用1+X的团队编制，以整个团队的业绩目标完成情况获得提成（表6-8）。提成公式为：提成 = 团队回款业绩 × 提成点。

表6-8 设定销售经理提成方式

业绩类型	团队业绩目标完成率	团队提成点（%）
提成比例	80%以下	0.05
	80%（含）~85%	0.08

续表

业绩类型	团队业绩目标完成率	团队提成点（%）
提成比例	90%（含）~100%	0.10
	100%以上	0.15

案例：助力梯队建设的提成方案

一家企业的成长轨迹往往伴随着无数次的战略调整与内部变革。其中，一个尤为关键的转折点出现在该企业决定从单一的销售精英模式向团队化、体系化运营模式转变，以期实现业绩的持续飞跃。这一转变不仅考验着企业的战略眼光，更对内部管理机制，尤其是销售团队的管理与激励机制提出了严峻挑战。

以一家瑜伽服贸易企业为例。该企业内部有一位跟随老板创业多年的销售骨干，他的业绩一直十分亮眼，堪称公司的"销售之星"。在我们团队首次接触这家企业时，这位销售骨干的业绩占比已经达到了惊人的40%，成为企业不可或缺的顶梁柱。然而，当企业高层决定由这位销售精英负责搭建并领导销售团队时，却遭遇了前所未有的挑战。尽管企业给予了充分的信任和资源，包括资金、人才选拔权以及管理培训等，但他连续三次尝试组建团队都以失败告终。

为了深入探究这一问题的根源，我们进行了详尽的调研和分析。通过多轮访谈、问卷调查以及数据分析，我们发现，问题主要出在企业的提成方案上。原有的提成方案虽然包含了个人提成和团队提成两部分，但团队提成的比例相对较低，且计算方式复杂，使得销售主管在短时间内难以看到管理带来的直接收益。因此，这位销售骨干在权衡利弊后，选择将更多的精力投入个人业绩的提升上，而忽视了团队建设的重要性。

这种倾向不仅阻碍了团队建设的进程，还引发了一系列负面效应。首先，销售主管在招聘过程中往往只关注应聘者的个人能力，而忽视了其团队协作精神和潜力。这导致团队成员之间缺乏默契和信任，难以形成有效的合力，团队氛围紧张，沟通不畅，工作效率低下。其次，由于销售主管缺乏团队建设和管理经验，他们在面对团队冲突和问题时往往束手无策，只能采取简单粗暴的解决方式，进一步加剧了团队的动荡和不稳定。此外，原有的提成方案还导致了销售主管对团队成员的激励不足，挫伤了团队成员的积极性，加剧了团队内部的矛盾和不满。一些优秀的员工因为得不到应有的回报和认可，纷纷选择离职，团队士气低落，人才流失严重。

针对上述问题，我们提出了对提成方案的全面优化建议。新的提成方案将团队业绩作为销售主管个人收益的主要决定因素，以确保他们有足够的动力去关注团队建设和管理。我们采取了以下具体措施。

第一，提高团队提成比例，简化计算方式。新的提成方案将团队业绩的提成比例大幅提高，且采用更加简单明了的计算方式，使销售主管能够清晰地看到管理带来的直接收益。同时，我们还设定了团队业绩的阶梯式提成比例，即团队业绩越高，提成比例也越高，以此激励销售主管带领团队不断挑战更高的业绩目标。

第二，设定团队业绩目标，建立考核机制。为了引导销售主管更加关注团队建设和管理，我们设定了明确的团队业绩目标，并将其纳入销售主管的绩效考核体系。同时，我们还建立了团队梯队建设考核机制，将团队成员的培养、晋升以及团队氛围的营造等纳入考核范围，以此激励销售主管更加注重团队梯队的建设。

第三，优化奖金分配机制，确保公平公正。在新的提成方案中，我们更加注重奖金分配的公平公正性。我们采用了"按劳分配、多劳多得"的原则，根据团队成员的贡献和付出进行奖金分配。同时，我们还设立了团队奖励基金，用于奖励在团队建设和管理中表现突出的销售主管和团队成员。

第四，提供培训与支持，提升管理能力。为了提升销售主管的团队建设和管理能力，我们提供了丰富的培训资源和支持。我们邀请了业内知名的管理专家进行授课，内容涵盖团队管理、沟通技巧、冲突解决等多个方面。同时，我们还为销售主管提供了实战演练的机会，让他们在实践中不断积累经验，提升管理能力。

经过一年的实践和优化，新的提成方案取得了显著成效。销售主管开始积极投入团队建设和管理工作中，他们不仅注重个人业绩的提升，更加关注团队成员的成长和团队氛围的营造。新的主管逐渐崭露头角，他们带领团队不断挑战更高的业绩目标，形成了稳定的团队梯队。

团队稳定性得到了显著增强。成员之间形成了良好的默契和信任关系，沟通更加顺畅，协作更加高效。即使有人因个人原因离开，团队也能迅速找到合适的替代者填补空缺，确保团队的稳定运行。同时，随着团队整体能力的提升和协作的优化，公司的销售业绩实现了持续增长。新的销售主管和团队成员在各自的岗位上发挥着重要作用，共同推动公司的业务发展。

此外，随着团队梯队的形成和稳定运行，企业高层的管理压力得到了有效减轻。他们可以将更多精力投入战略规划和业务发展上，而无须过多关注日常的销售管理工作。更重要的是，面对市场变化和不可控因素带来的风险，公司能够更加从容地应对。团队梯队的建设使得公司在人才方面有了更多的储备和选择空间，能够更好地应对各种挑战和机遇。

通过这个案例，我们深刻认识到，合理的提成方案和梯队建设对于提升团队稳定性和业绩的重要性。一个优秀的提成方案能够激发销售主管和团队成员的积极性和创造力，推动他们共同为公司的业务发展贡献力量。而一个稳定的团队梯队则能够确保公司在面对各种挑战时保持稳健和持续发展。

因此，对于任何一家企业来说，都应该高度重视提成方案的设计和团队梯队的建设工作。通过不断优化提成方案、提升团队管理能力、加强人才培养和激励机制建设等措施，企业可以打造出一支高效、稳定、富有战斗力的销售团队。这不仅有助于提升企业的市场竞争力，更能够为企业的长远发展奠定坚实基础。

同时，我们也应该看到，团队建设和管理是一个长期而复杂的过程。企业需要持续投入资源和精力，不断完善内部管理机制，提升员工的满意度和归属感。只有这样，企业才能确保销售团队始终保持高昂的斗志和强大的战斗力，为其持续发展贡献力量。

第七章

让 KGP 体系长期有效

KGP 体系的落地流程

在先前讨论量化的重要性时，我提到将量化决策应用于 KGP 考核的流程。以下是具体的量化设置流程：收集历史资料–选择核心人员–提取过程节点指标–筛选节点指标–设定指标的标准和权重–审核指标–形成 KGP 绩效。

1. 收集历史资料和选择核心人员

首要步骤是全面收集历史资料，为后续决策提供依据。接着，选择核心人员参与绩效设置过程，采用共创模式。核心人员包括岗位的直接管理者和关键员工，确保所设标准贴近实际，并增强管理层的参与感。中小企业的关键岗位还需邀请老板参与。

2. 提取过程节点指标

提取过程节点指标基于五大来源。

（1）企业发展战略以及相应的战略目标。绩效考核除需与企业战略相结合，通过战略导向的指标设计推动战略实施。

（2）工作职责。工作职责是设计绩效考核指标的基础依据。根据被考核者的岗位内容、条件和要求，拆解关键工作，形成考核基础。

（3）业务流程。根据员工在业务流程中扮演的角色和责任，以及同上游、下游之间的关系，来确定其衡量工作成效的绩效指标。

（4）数据分析得出的薄弱点。在设置绩效的时候，如果一些关键工作过程员工完成的情况普遍较好，那么就可以将指标重心放在一些容易被忽视但重要的薄弱环节。

（5）特殊的关键工作。员工负责的工作并不一定都是普遍一致的工作。因此，针对非普遍性工作，应提取特定指标进行考核。

3.筛选节点指标

绩效考核指标并不是越多越好，过多的指标反而让员工抓不住工作重心。在以往的咨询经验中，我们向客户公司推荐员工的指标数量在3~7个，专员岗位以过程指标为主，高管可适当使用结果指标。

筛选指标时，管理者需明确考核目的、发展方向和岗位背景。例如，为新兴市场销售人员设置绩效时，应侧重新兴市场业绩；为人力资源业务合作伙伴设置关键绩效时，需考虑一些常用但少见的指标，如表7-1所示。

表7-1 常用但少见的指标示例（HRBP关键过程绩效）

指标	定义	解决问题
核心任务延误天数	核心任务是指总经理以及配合部门交代的所有关键事项的推进的任务以及交代的其他临时性任务。建立核心任务跟进表，及时落实并汇报进度，以当月延误的核心任务天数为主	避免重要事项的遗漏；清晰责任人；明确任务内容与完成时间
学习成长	当月参与学习培训或主动分享的次数	学习的积极性；让员工学到即可做到，实现培训效果最大化
面试及新人考核转正异常次数	标准一：严格按照公司招聘流程表格进行面试，在系统上完成面试评语填写	解决每月工作量不一样且关键日常工作的考核次数难统计问题
	标准二：无论面试是否成功必须做好面试人员的资料存档（面试表格+测评表格+个人简历等）	
	标准三：按照转正流程7天、30天、60天、90天组织新人述职	

续表

指标	定义	解决问题
团队培养	每月担任讲师组织成员参与培训或委托他人对成员进行培训；与成员每月进行一对一绩效面谈的次数	提升管理者意识；指引管理方向

通过上述流程，KGP 习题的量化设置得以系统化、科学化，有助于提升绩效考核的有效性和准确性。

需要注意的是，针对不同的岗位和职务，筛选指标的侧重点也是不同的。

（1）试用期、初级、中级：所筛选的指标数量较少，且多为过程指标。

（2）高级、资深或以上：除过程，也要重视结果指标的考核。

（3）管理层：多选择成果指标、团队指标、团队培养指标、战略支持指标。

此外，筛选 KGP 指标有以下几个要点。

- 可理解：指标内容设置简单明确，便于交流，容易被执行者所接受和理解。
- 可把控：确保员工对指标有直接的责任和把控权。
- 可衡量：选择可量化、可衡量数值的指标。
- 易获取：所选用的指标有直观的数据或能够被简单收集。
- 与战略一致：所设置的目标与战略挂钩，以满足企业的战略发展。

4. 设定指标的标准与权重

在绩效体系构建完成后，企业需进一步确立绩效指标的具体标准及相应的权重分配。这涵盖了绩效指标的清晰界定以及各项指标的达成基准，旨在明确指导员工"任务内容、执行方式及预期成果"。我们通常采用三级或四级分层法来细化这些指标。

（1）首层为基础达标指标，代表每位员工必须满足的最低要求。

（2）第二层为常规要求指标，是期望所有员工都能达到的标准。

（3）第三层与第四层则设定为卓越目标指标，旨在激励员工超越常规，向更高目标挑战。

每一层级均与特定的奖金分配比例挂钩，例如，完成基础达标指标可获得该指标奖金总额的40%，以此类推，形成递进式奖励机制。这种分层设定不仅构成了绩效的阶段性里程碑，有助于员工准确评估自身工作进度和成效，还能逐步累积成就感，减轻面对总体目标时的心理压力。

以国际销售的关键绩效过程表为例，如表7-2所示。这一分层策略得以具体展现，确保了绩效管理的科学性与激励性。

对于为何采用阶段性目标而非直接按完成比例分配奖金的问题，其背后的逻辑在于：阶段性目标的设置旨在为员工提供一个清晰的成长路径与激励机制。相较于单一的完成比例计算，阶段性目标更能够激发员工动力，当员工处于两个标准之间时，这种设置能激发他们追求卓越，努力达到更高一级的标准，从而获取更丰厚的奖金回报。这不仅是管理策略上的"巧妙安排"，更是对员工潜能的深度挖掘与正向激励。

5. 审核指标

在指标设定之后，严谨的审核流程是必不可少的，以确保所选关键绩效指标能够全面且客观地反映员工的工作成效。审核主要聚焦于

第七章 ◎ 让 KGP 体系长期有效

表 7-2 国际销售关键过程绩效表

国际销售关键过程绩效表

指标名称		P1 询盘极速回复率	P2 电话或视频新老客户数	P3 意向客户数	P4 当月业绩总金额	P5 高效完成学习成长
指标定义		标准：当月询盘极速回复率	标准一：当月电话或视频跟进所有的新老客户数，必须在平台更新跟进客户沟通细节并进行客户资料跟进的进度更新，下次跟进计划内容和时间（客户个数可以重复计算）标准二：必须是客户有接听	意向客户数（有三次跟进动作，客户每次有回复，属于意向客户数）	当月产生的业绩总金额（包含已收30%定金订单）月产生的业绩总金额（包含已收30%定金的订单）	（1）准时完成日总结、周总结、月总结；（2）产品专业知识考试通过≥75分；（3）意向客户月复盘数达到≥50个；（4）准时完成PPT述职
数据来源		自己提供数据	电话登记表	招聘月报表	自己提供数据	自己提供数据
指标权重	100%	15%	25%	25%	20%	15%
识别线/平衡线	比例	成果 奖金	成果 奖金	成果 奖金	成果 奖金	成果 奖金
结算标准	合格 40%	30% 36	≥24个 80	≥24个 80	6万元 64	任意完成1项 36
	良好 60%	38% 72	≥48个 120	≥48个 120	8万元 96	任意完成2项 72
	优秀 80%	40% 96	≥70个 160	≥70个 160	10万元 128	任意完成3项 96
	卓越 100%	56% 120	≥90个 200	≥90个 200	15万元 160	完成卓越 120

两大维度。

（1）指标的可控性与有效性。首要考量的是员工对指标结果的影响力，需强化员工对绩效"全权负责"的意识，即个人努力与认真程度直接决定绩效成果；其次，指标需真实反映工作状态，确保评价的公正性与准确性。

（2）指标难度的合理性。目标值的设定极具挑战性，需从两方面审慎考量。一方面，应至少设立门槛标准与挑战标准两级，前者确保基本职责的履行，后者则代表卓越成就；另一方面，可依据历史数据设定中间档次，为指标难度的评估提供实证基础。

6. 形成 KGP 绩效

绩效体系构建需经历公示、试运行、调整、正式实施及持续优化等阶段。具体而言：公示绩效-试运行绩效（2~3 个月）-试运行每月调整需要变动的指标标准-生成正式绩效-落地绩效复盘机制-（以年为期/战略变动）定期优化绩效。

现代管理学之父彼得·德鲁克曾说："人们永远无法管理不能量化的东西。"精细化管理企业的核心在于深入理解并优化运行机制，这归根结底涉及四大要素：数据采集、信息提炼、知识整合与智慧凝聚。在此基础上，初创中小企业首要任务是构建薪酬管理体系、实现流程标准化与执行动作的统一。唯有如此，企业才能编制出清晰的"数字化手册"，吸引并留住人才，为其长远发展奠定坚实基础。

持续优化

KGP 复盘是提升绩效的关键环节。在完成一个 KGP 周期后，对完成情况进行全面分析，企业能够了解过去的竞争力状况，并从复盘中汲取经验，整合优化资源，推动持续改进。KGP复盘不仅能帮助团队成员及领导清晰定位当前状态，还是一种高效的组织管理方法。它鼓励基于目标导向的思考与行动，通过持续的追踪与反馈，不断优化管理体系。

复盘有多重要？

在KGP管理的实践中，复盘的价值与必要性显而易见。它不仅是对过往工作的深度审视，更是对未来方向的精准导航。复盘如同企业的明镜，让我们直面优势与短板，从而实施更有针对性的优化策略。忽视定期复盘，将带来多重挑战。

第一，重复错误与成本增加。如果缺乏经验总结与反思，团队很容易陷入错误循环，导致资源浪费与效率下降。复盘能助力团队在快节奏环境中保持清醒，确保方向正确。

第二，思考能力退化。长期不复盘，团队成员可能形成依赖心理，丧失独立思考与解决问题的能力。复盘作为锻炼思考的过程，能促进成员管理水平的提升。

第三，经验流失与效能低下。成功经验未得到提炼与分享，将随时间消逝。复盘确保宝贵经验得以传承，提升管理效能。

绩效复盘在提升工作效率、促进团队成长、优化管理流程、推动能力创新等方面展现出显著价值，凸显其在KGP管理中的重要性。复盘过程需经历准备、执行、总结等阶段，各阶段均需保持积极态度与应用科学方法，确保复盘的有效实施。

绩效复盘对于主管与下属而言，均承载着深远的意义，是双方共同成长与能力提升的宝贵契机。

对于主管来说，复盘远不只是一个管理工具，它更是一个自我提升的绝佳契机。

首先，复盘促使主管更加聚焦于下属的工作动态与成长轨迹。在复盘流程中，主管需深入了解下属的工作细节，提供精准的点评与反馈，这一过程会驱动主管更加关注下属的职业发展，形成积极向上的团队氛围。

其次，复盘成为主管锻炼人才培养能力的试炼场。通过细致的点评与指导，主管能够精准指出下属的不足，并提供明确的改进方向，有效促进下属的快速成长，为团队注入源源不断的活力。

最后，复盘要求主管具备严谨的逻辑思维与卓越的表达能力，能够准确剖析问题，提出切实可行的解决方案，并通过高效的沟通将战略意图传达给团队，进一步强化团队的凝聚力与执行力。

尤为重要的是，复盘机制促使主管持续关注下属的成长，为团队营造了一个积极向学、共同进步的成长环境。

对于下属而言，复盘同样蕴含着丰富的价值。

首先，它锻炼了下属的阶段性自我反思能力。通过回顾与总结工作，下属能够清晰地识别自身的优势与短板，发现潜在的问题点，并思考改进策略，实现个人能力的持续提升。

其次，复盘能引导下属更加重视数据与信息的价值。通过客观的数据分析，下属能够精准定位问题的根源，提出有针对性的解决方案，提升工作的效率与质量。

再次，复盘成为下属提升表达能力的绝佳机会。在复盘过程中，下属需要清晰、准确地表达自己的观点与想法，与主管及同事进行有效沟通，这不仅可增强团队协作能力，也能提升下属的职业素养与沟通技巧。

最后，复盘为下属提供了宝贵的学习与培训机会。通过参与复盘，下属能够深入了解管理知识与实践经验，不断拓宽视野，提升综合能力。

综上所述，绩效复盘的价值不仅体现在对工作流程的优化与提升上，更在于对团队成员个人能力的深度锻炼与成长促进。通过复盘，主管与下属均能实现自我超越，推动团队向更高层次发展。因此，我们应高度重视复盘的作用，将其融入团队管理的日常工作中，使之成为推动团队持续进步与发展的重要力量。

别让 KGP 将成为摆设

KGP 的精髓在于其目标过程管理，它强调的是通过一系列创新且正确的过程来实现最终的结果，而非仅仅关注目标达成的那一刻。KGP 利用阶段性目标作为导向，有效整合各类资源，激发团队潜能，形成合力以达成最终目标。

在 KGP 的指引下，团队展现出一种高度协同的状态。每个部门和员工不仅专注于当下的过程，同时也心系最终目标。每一个时刻都充满了力量，每一个过程都构成了成果，共同为组织创造着价值。

然而，KGP 的落地并非终点，而是一个持续优化与改进的过程。它强调阶段性复盘、调整与对齐，要求至少每月进行一次全面复盘，以评估 KGP 的执行情况。在复盘过程中，一旦发现优秀案例，应立即提炼其背后的成功规律，并将其融入后续的行动计划中；若存在目标或进度不对齐的情况，则需迅速调整工作节奏，确保团队步调一致；若经复盘确认 KGP 存在不合理之处，亦应及时做出调整。

鉴于组织内外部环境的不断变化，持续的追踪与反馈对于 KGP 的成功实施至关重要。团队应定期检查 KGP 的进展情况，围绕目标与进度展开充分沟通，确保能够及时调整方向并快速对齐进度。否则，目标与工作计划之间可能会严重脱节，导致不必要的资源浪费和效率低下。

以某企业为例，由于未能及时跟进和复盘新项目，导致产品发布推迟了10天。直到月底，公司才发现研发部门将大量时间和精力投入原有产品的迭代上，而其他部门则按照原定的时间节点安排了工作计划。这一问题的根源在于缺乏及时的跟进与复盘机制。对于这类新项目，应建立每周甚至每日的复盘制度，及时共享时间进度和关键信息，以确保目标与过程的高度对齐。

通过这样的改进，我们可以确保KGP在团队中得到有效实施和持续优化，从而推动组织的持续发展和进步。

以KGP为抓手，建立产出量化管理

随着市场竞争的不断加剧，企业管理经营链的完善与优化已成为确保其持续发展的关键因素。KGP作为一种高效的绩效工具，能够助力企业精准定位目标、量化评估绩效，从而全面提升运营效率。

1. 用数据说话，建立量化管理体系

在企业管理中，投入与产出的比例是衡量经营成效的核心指标，二者之间的相关性更是验证企业经营效果的重要维度。虽然销售数据对于企业的重要性不言而喻，但众多企业往往忽视了与销售数据紧密相关的其他数据的重要性。

利用数据指导目标设定与绩效评估是提升企业效能的关键。基于历史数据和市场趋势，企业应设定合理的关键目标，确保这些目标与企业战略方向保持一致。同时，将绩效与关键目标紧密挂钩，通过数据量化评估绩效，能使绩效评估过程更加客观、公正。

此外，企业还应通过数据收集与分析，深入剖析经营过程中的各个环节，精准识别瓶颈与短板，从而优化管理体系，提升整体运营效率。KGP的核心理念便是数据驱动，因此，在企业内部必须树立"数据为王"的观念。无论哪个部门、哪个岗位，都应习惯于用数据来总结工作得失、指导发展目标，并精准地看待、分析问题，以取得更好的成效。

2. 用对比说话，实现成长量化管理

漏斗模型是企业目标管理的重要工具之一，它能够帮助企业精准识别目标实现过程中的关键环节，优化资源配置。借助KGP的可视化功能，企业可以对比不同时间段、不同部门、不同产品的漏斗数据，发现潜在问题，进而优化漏斗模型的管理。

例如，通过对比不同部门或团队的漏斗数据，企业可以清晰地了解各部门或团队在销售过程中的表现差异，提炼出优秀部门或团队的成功经验进行推广和学习；同时，针对表现不佳的部门或团队，深入分析其问题所在，并制定相应的改进措施。

以KGP为核心构建产出量化管理体系，是完善企业管理经营链的有效策略。通过周、月、年度的复盘，企业可以全面了解绩效管理的具体情况，不断优化目标漏斗模型。同时，经过数据的量化沉淀与积累，形成企业管理的数据资产，为管理经营链提供一条清晰的动态线索，助力企业实现持续发展。

选用数字化工具

在与老同学相聚用餐时，常能听到他们对时代变迁的感慨。往昔，在餐馆点菜需向店员口述需求，再与之商讨菜品增减及优惠，达

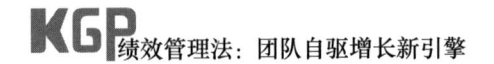

成共识后,店员会将菜品记录于便利贴上转交后厨。而今,餐馆普遍提供二维码,顾客扫码即可进入数字化点餐系统,系统甚至先引导注册会员并赠送优惠券,后续的点餐及服务需求均可通过系统轻松完成。

这一变化不禁让人深思。近年来,无论是商家还是企业主,都在积极构建数字化系统,尤其是那些面向年轻消费群体的品牌。例如,水果零售行业的百果园,自2016年起便着手打造自己的会员数字化体系,每年在产品研发上的投入高达数亿元。企业借助数字化系统提升运营效率,同时利用新媒体吸引年轻消费者。

数字化工具是指运用先进的数字技术和信息技术,助力企业实现信息化、自动化、智能化的各类工具和软件产品。这些工具涵盖了人工智能、大数据、云计算、物联网、区块链以及数字化营销等多个领域,并在各行各业中得到广泛应用。它们不仅帮助企业提升效率、降低成本,还能优化业务流程、改善客户体验,进而增强企业的市场竞争力。

为什么选用数字化工具?

无论是身处高层的首席执行官,还是基层的管理人员,都可能曾经面临着一个问题:销售与人事部门累积的销售数据,随着时间推移,在计算机中形成了一个庞大的数据库。然而,这个数据库内含的信息繁杂,令众多管理者感到无从下手。

若某些公司正面临此困境,这或许意味着在日常运营中,数据化管理的实施尚不够科学与高效。庞大的数据库本应成为我们的得力助手,而非负担。

通常而言,中小规模企业的组织架构较为简洁,往往包含经理、主管、专员三层即可,因为每增加一层,信息的传递与决策的执行都将面临更多阻碍,从而影响工作效率。而数字化数据分析与管理,正与此类精简的人员配置紧密相关。例如,主管若发现某销售专员业绩突出,但深入分析其客户资料后,却发现其客户转化率极低,业绩的取得更多依赖于偶然因素。若主管未进行此类数据分析,一旦该专员下月业绩大幅下滑,主管可能会措手不及,难以迅速找出原因。

同样,经理层也可能面临类似困境。缺乏及时的数据分析,问题将难以被及时发现。而数字化管理的引入,则能让一切问题变得清晰明了。此外,若缺乏数字化工具作为管理支撑,当关键员工或主管离职时,工作交接将变得异常烦琐。而有了数据的支持,交接工作将更有依据,更加迅速有效。

选用数字化工具的另一重要原因,在于其能够及时发现管理中的问题,持续优化企业管理流程,提升效率。例如,大数据技术能够通过自动化、智能化的数据处理,显著提升企业的经营效率和成本效益,同时优化资源配置,降低生产成本。此外,大数据还能促进团队协作与知识管理,帮助企业实现更高效的沟通与协作,并建立完善的知识管理系统,提升知识的积累与利用效率。

当然,对于传统企业管理者而言,科学的数据化管理确实存在一定挑战。部分管理者可能更关注销售人员的业绩完成情况,而忽视了业绩数据与客户资料的记录与分析。但值得注意的是,已有越来越多的管理者认识到了数字化管理的重要性,并开始积极引进数字化管理工具。

实现数字化管理转型的必备工具

1. 业务流程整合——ERP

数字化工具在企业管理中扮演着至关重要的角色,它们能够显著提升管理效率与质量。以企业资源计划（ERP）为例，这是一套用于管理企业日常业务活动的软件系统，涵盖了会计、采购、项目管理、风险管理、合规性、供应链运营等多个方面。ERP系统通过整合各个业务流程，实现了数据在各环节之间的无缝流动。它收集并整合多个来源的共享事务数据，消除了数据冗余，确保了数据的完整性和准确性。

2. 客户营销管理——CRM

随着市场竞争的加剧，获客难度不断提升，高效的获客策略和存量经营成为企业高质量发展的关键。客户关系管理（CRM）系统作为实现这一目标的核心数字系统，其重要性日益凸显。根据国际数据公司（IDC）发布的报告，中国CRM SaaS（Software as a Service，软件运营服务）市场规模持续增长，2022年下半年已达到11.6亿美元，同比增长了25.4%，占中国整体SaaS市场的24%。因此，构建一个高效的CRM系统对于提升工作效率、降低成本具有重要意义。

3. 人才成长管理——吏部人

"吏部人"是一款专注于数字化人才自驱成长的系统，其人才成长管理体系精细且高效。通过数据监测与分析，管理者能够清晰地洞察企业及个人的成长路径。吏部人系统通过闭环的管理机制，能够助力企业实现线上线下一体化的数字化运营增长，构建员工价值与企业效益双赢的管理体系。

管理系统部分呈现如图7-1所示。

（1）透明清晰的职级晋升通道

吏部人系统建立了清晰透明的晋升通道，通过完整的晋升流程，向员工展示了企业的未来发展方向，并建立了长期合理的薪酬机制，解决了留用困难的问题。同时，它还帮助企业解决了组织权责不明确、核心人才留用困难等难题，大幅缩短了企业在这些方面所花费的时间。

系统提供了多种可参考的模板与场景，通过组织架构、岗位分配、岗位职责等，帮助企业梳理内部管理机制，明确权责，提高工作效能。

（2）T-MATCH 专业测评工具

在招聘面试过程中，如何精确识别人才、降低用人风险与试错成本是企业面临的棘手问题。吏部人系统中的 T-MATCH 专业测评工具能够清晰有效地识别人才画像，把握企业所需的人才特征，解决了识人不准、招聘成本大的问题，为企业提供了精准的人才识别解决方案。

（3）人才成长可视化管理

吏部人系统采用 KGP 体系进行绩效考核，从实际工作关键过程出发，以客观工作数据为考核标准。这种考核方式减少了员工面对绩效

数据报表审核

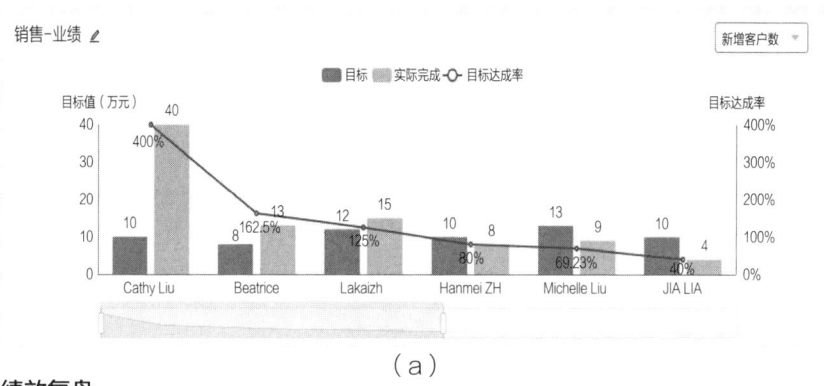

（a）

绩效复盘

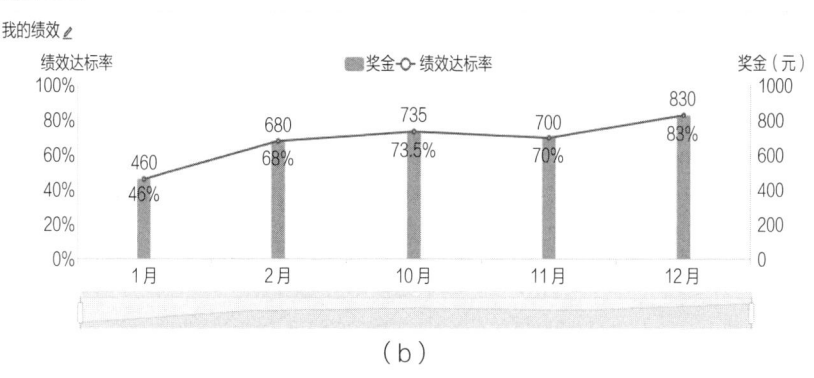

（b）

Aand Lzh2023 年度初级国际销售专员关键过程绩效表

姓名：Aand Lzh　　考核标准：初级国际销售专员关键过程绩效　　绩效峰值奖金：1000

指标名称			KP1 建档客户数总和		KP2 触达客户数总和		KP3 个人成交样品单数总和		KP4 个人销售业绩总和		KP5 业绩目标达成率		KP6 关键任务进度落实	
指标定义			标准一：客户已知真实的所有联系方式必须录入系统（客户的信息、客户联系人、邮箱、电话、座机、微信等）标准二：必须已经和客户取得最少一次联系并在系统做好客户沟通记录以及下次的跟进时间		电话或视频跟进客户数 标准一：当月电话或视频跟进所有的新老客户数，须在系统更新跟进客户沟通细节并更新客户资料、下次跟进计划、内容和时间（客户个数可以重复计算）标准二：必须是客户有接听才算是有效触达客户数		当月新老客户付费样品单数		个人销售业绩总和，单位为 × ×		业绩目标完成率 = 当月个人业绩成交额 / 月度销售业绩目标		标准一：关键任务是指周、月季管理层会议的会议决议，并输出会议记录以及总经理临时交付的重要任务，关键任务进度落实，新人培训任务，准时汇报及时跟进完成 标准二：根据核心任务进度表格定期推进公司变革的所有文件落地执行 标准三：全体人员考勤打卡准确数据（考勤核算），及人事资料（入离职、转正合同，新老员工追踪评价、费用报销准时准确交付给财务相关报表）	
指标权重 / 平衡线		100%	15%	150.00	25%	250.00	20%	200.00	15%	150.00	5%	50.00	20%	200.00
	识别线	比例	目标	奖金	目标	奖金	目标	奖金	目标	奖金	目标	奖金	目标	奖金
结算标准	D	40%	20	60.00	3	100.00	3	80.00	10000	60.00	0.65	20.00	完成一项	80.00
	C	60%	30	90.00	4	150.00	4	120.00	20000	90.00	0.8	30.00	/	120.00
	B	80%	40	120.00	5	200.00	5	160.00	30000	120.00	0.9	40.00	完成二项	160.00
	A	100%	45	150.00	7	250.00	7	200.00	50000	150.00	1	50.00	完成三项	200.00
月份	绩效合计	绩效达标率												
1	0	0.00%	0	0.00	0	0.00	0	0.00	0	0.00	0	0.00	0	0.00
2	680	68.00%	11	0.00	22	250.00	5	160.00	94490	150.00	0.94	40.00	完成一项	80.00
3	0	0.00%	0	0.00	0	0.00	0	0.00	0	0.00	0	0.00	0	0.00
4	510	51.00%	5	0.00	5	200.00	5	160.00	113033	150.00	0.39	0.00	0	0.00
5	750	75.00%	111	150.00	327	250.00	25	200.00	58747	150.00	0.26	0.00	0	0.00
6	800	80.00%	33	90.00	91	250.00	31	200.00	12000	60.00	0.1	0.00	完成三项	200.00
7	0	0.00%	0	0.00	0	0.00	0	0.00	0	0.00	0	0.00	0	0.00
8	0	0.00%	0	0.00	0	0.00	0	0.00	0	0.00	0	0.00	0	0.00
9	0	0.00%	0	0.00	0	0.00	0	0.00	0	0.00	0	0.00	0	0.00

2023 年 06 月 外贸业务员提成

提成公式：报关销售额总和 × 提成点

总利润率（0.2）	提成点（%）
0.03	0
0.03	2
0.3	3
0.5	4

当前报关销售额总和：457654　当前提成：9153.08 元

2023 年 06 月 主管提成

提成公式：个人回款金额总和 × 提成点 × 提成倍数

个人销售业绩总和（156656）	提成点（%）
200000	1
300000	1.5
400000	1.8
500000	2

团队销售业绩总和（0）	提成倍数
0	1
500000	1.1
700000	1.2
1000000	1.3
1300000	1.4

当前个人回款金额总和：183184　当时提成 0.00 元

2023 年 05 月 外贸业务员提成

提成公式：报关销售额总和 × 提成点

总利润率（0）	提成点（%）
0.03	0
0.03	2
0.3	3
0.5	4

当前报关销售额总和：0　当前提成：0.00 元

2023 年 05 月 主管提成

提成公式：个人回款金额总和 × 提成点 × 提成倍数

个人销售业绩总和（0）	提成点（%）
200000	1
300000	1.5
400000	1.8
500000	2

团队销售业绩总和（0）	提成倍数
0	1
500000	1.1

2023 年 04 月 主管提成

提成公式：个人回款金额总和 × 提成点 × 提成倍数

个人销售业绩总和（99800）	提成点（%）
200000	1
300000	1.5
400000	1.8
500000	2

团队销售业绩总和（0）	提成倍数
0	1
500000	1.1

2023 年 04 月 外贸业务员提成

提成公式：报关销售额总和 × 提成点

总利润率（0）	提成点（%）
0.03	0
0.03	2
0.3	3
0.5	4

当前报关销售额总和：0　当前提成：0.00 元

（c）

图 7-1　数字化机制搭建场景

考核的防御心理，加强了管理者对达成目标的过程监控，解决了企业绩效考核难以落地的难题。人才成长可视化路径如图 7-2 所示。

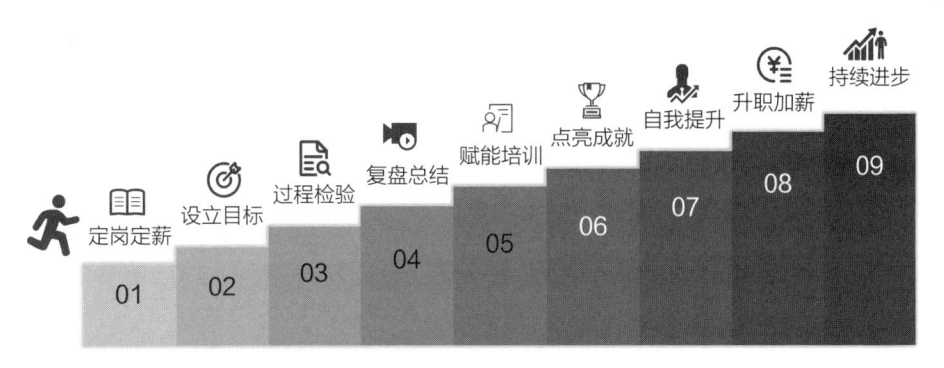

图 7-2 人才成长可视化路径

吏部人系统提供了人才成长可视化路径，包括定岗定薪、设立目标、过程检验、复盘总结、赋能培训、点亮成就、自我提升、升职加薪以及持续进步等多个环节，为员工提供了清晰的职业成长路径。具体内容如表 7-3 所示。

表 7-3 人才成长可视化路径的具体内容

环节	内容
定岗定薪	定岗定薪是起点。企业需明确员工的职责和岗位，以及建立与之匹配的薪酬体系，为员工的职业成长提供稳定的基石
设立目标	设立目标是关键，一个清晰、具体、可衡量的目标能够激发员工的动力，让员工知道自己要往哪个方向努力
过程检验	在追求目标的过程中，过程检验至关重要。这包括定期检查员工的工作进度、方法是否有效，以及是否偏离了目标方向。通过及时的检验和调整，企业能够确保每个人始终走在正确的道路上
复盘总结	完成一个阶段的工作后，复盘总结是不可或缺的环节。管理者和员工通过回顾自己的表现和经历，总结成功经验和失败教训，不断完善自我管理的方法和策略，为未来的成长奠定更坚实的基础

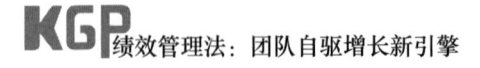

续表

环节	内容
赋能培训	赋能培训是提升个人能力的关键途径。通过参加专业培训、学习新知识、掌握新技能，企业不断提升员工的综合素质，让他们更好地应对工作中的挑战
点亮成就	当员工在工作中取得一定的成绩时，企业应及时给予员工肯定和奖励，从而激发他们的自信心和成就感，促使他们更加努力地追求更高的目标
自我提升	自我提升是一个持续不断的过程。员工在工作中需要保持学习的热情和好奇心，这样才能不断探索新的领域和机会，从而得到成长和进步
升职加薪	随着能力的提升和经验的积累，升职加薪是自然而然的结果。当员工在工作中展现出卓越的能力和贡献时，升职加薪是对他们努力的最好认可
持续进步	持续增长是每个人职业发展的终极目标。不管是谁，都需要保持持续学习的态度。只有不断适应变化的环境和需求，确保自己在职业生涯中长期保持竞争力，员工才能实现持续成长

（4）绩效模板库

吏部人系统拥有丰富的绩效模板库，企业可以选择适合的模板进行使用，也可以自主创建新的模板。这解决了企业绩效结构不明确、绩效难落地的问题，使企业的绩效结构更加清晰明确。

（5）提成与激励机制

吏部人系统通过合理分配的提成与激励机制，利用系统日报表一键计算奖金数据，能够有效地调动员工的积极性，挖掘企业员工的潜能。这解决了提成与激励机制实施困难的难题，为企业提供了更加科学、合理的激励方案。

（6）年终奖分配机制

吏部人系统提供了年终奖分配逻辑，为企业提供了科学的考评指标、评价方法和发放规则。通过系统日报表一键计算奖金数据，解决了年终奖分配难落地的难题，使企业的年终奖分配更加客观、公正。

（7）企业大学与绩效复盘

吏部人系统倾力打造企业大学与绩效复盘版块，通过定期绩效复盘了解目标达成情况，帮助人才进行反思与成长。企业大学采用数字化培训模式，打造了一体化学习平台，满足了企业内不同学习场景的需求，解决了人才培养体系不完善的问题。

（8）企业文化日常化、场景化

吏部人系统将企业文化深入工作场景，设计出趣味性的玩法，将共识的价值观关联到日常工作生活中。这使企业文化成为团队共同成长的纽带，解决了企业文化形同虚设的问题。

善用吏部人，助力管理者高效赋能团队成长

在长达 10 余年的中小企业管理咨询与辅导实践中笔者观察到，众多企业之所以能取得当前的成就与规模，很大程度上归功于创始人的销售或技术专长，这些专长使他们能够迅速赢得客户或开发出符合市场需求的产品，从而迅速积累起初始资本。

然而，随着企业规模的扩张，管理滞后问题日益凸显。创始人往往精于业务却疏于组织建设，中层管理者缺乏系统训练，基层员工缺乏成长路径，导致企业陷入"业务增长越快，管理成本越高"的困境。

"过程不稳，业绩难保；考核不当，人力浪费；奖惩不明，战斗为零。"即便管理者投入大量资金学习先进的管理方法，但在企业实际操作中，仍可能遇到落地困难和挑战。针对这一痛点，我们精心打造

了数字化人才成长自驱系统——"吏部人"。吏部人系统通过"机制＋工具＋数据"三位一体实现企业一站式管理，帮助中小企业构建自驱型组织，实现管理升级。

破解八大管理难题

组织架构与目标部署是企业战略规划的基石。吏部人系统针对的是中小型外贸企业的常见问题，重点在于破解八大管理难题，详见表7-4。

表7-4　吏部人破解八大管理难题

管理痛点	吏部人解决方案	预期效果
组织权责不清	可视化架构图谱＋权限矩阵	决策效率提升40%
人才识别困难	T-MATCH测评＋人才数据库匹配	试用期淘汰率降低35%
绩效考核落地难	智能数据抓取＋自动化核算	考核周期缩短50%
培养体系缺失	场景化学习地图＋游戏化激励	员工技能提升速度加快60%
核心人才流失	职业发展双通道	关键岗位留存率提升50%
企业文化虚化	价值观行为积分＋即时反馈系统	文化认同感提升70%
信息传递失真	数字化看板＋多级任务拆解	跨部分协作效率提升45%
战略执行脱节	KGP战略解码＋过程数据监控	目标达成率提升65%

当然，为确保系统有效实施，我们采用"咨询＋工具＋陪跑"三位一体的服务模式。这一服务模式分为五个阶段。

第一，诊断阶段。该阶段主要实施管理成熟度评估，包括对企业文化、业绩目标、组织架构、薪酬体系、绩效机制人才培养六大维度的评估，之后，根据对六大维度的评估输出定制化转型路线图。

第二，部署阶段。这一阶段包括架构模板匹配与调优、职位职级体系搭建和核心机制文件数字化。

第三，培训阶段。管理层负责战略解码与目标设定；执行层负责系统操作和管理技能认证；员工层负责 SOP 学习。

第四，运行阶段。首先，设立"数据监控—异常预警—改进闭环"管理机制；其次，开展月度管理复盘会；最后，实施季度战略校准。

第五，优化阶段。优化阶段分三步走：一是建立管理迭代 PDCA 模型；二是开展年度管理机制审计；三是更新行业对标数据库。

系统架构：打造管理闭环

吏部人系统以"人才成长"为核心，从培训赋能、过程管理、复盘总结到能力提升，形成员工自我成长的内驱力，实现个人价值与企业效益的双赢。

此外，该系统整合的六大核心模块可形成管理全链条覆盖。组织架构设计模块提供 8 类外贸行业专属架构模板；职位职级体系内置 20 多个岗位薪酬模型与晋升路径；人才测评系统采用 T-MATCH 三维评估法（涵盖思维、行为、语言维度）；绩效管理系统搭载 300 多个行业指标库与智能核算工具；激励机制设计模块包含提成、分红、股权激励等模板方案；企业大学平台则提供标准化课程体系与定制化学习路径。各模块协同运作，共同构建起支撑组织人才发展的系统性解决方案。

吏部人的系统部署实施与其功能紧密关联，其详细功能如图 7-3 所示，展现了吏部人在推动企业数字化管理转型中的全面性与专业性。

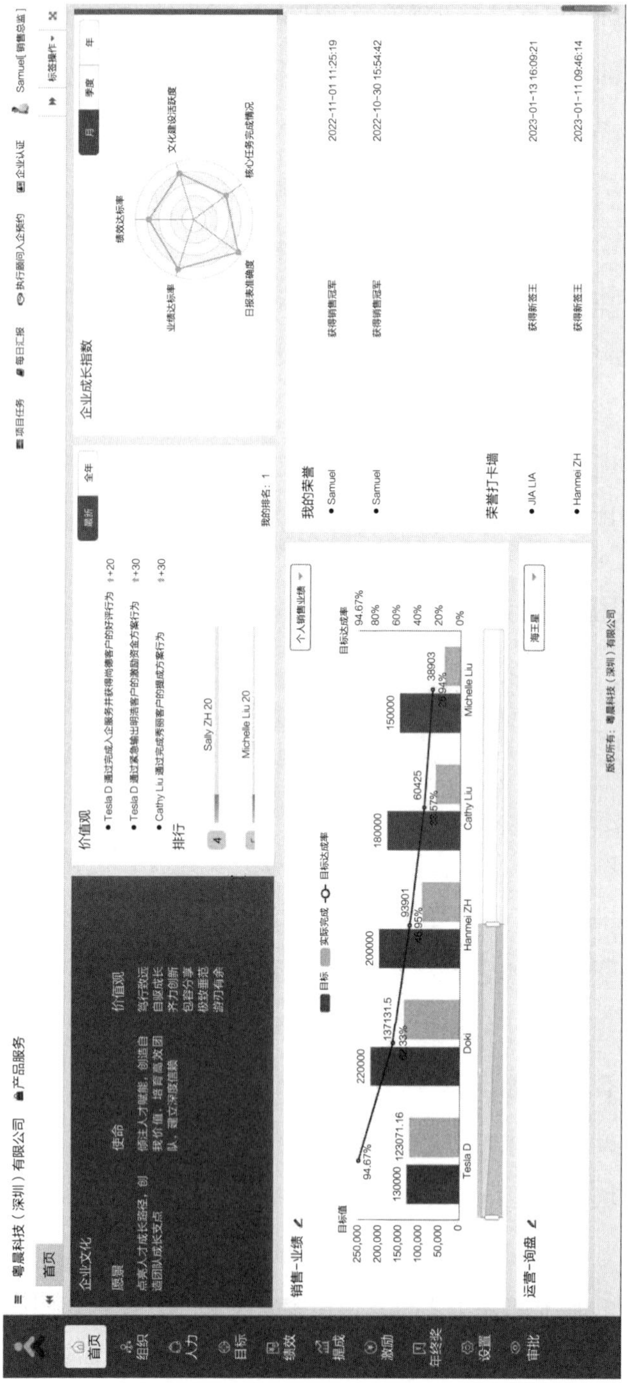

图 7-3 更部人系统页面

198

数字化管理不是替代人，而是解放人。吏部人通过构建自驱型组织，让管理者从烦琐事务中解脱，专注战略思考；让员工在明确机制中成长，实现自我价值。吏部人愿与中小企业携手，共同迈进管理新时代。

追踪系统成果，分享成功故事

在当今数字化时代，企业的蓬勃发展愈发依赖于高效、精确的数字化管理工具。为深入揭示这类工具的实际价值，我们精心挑选了两个真实案例，它们展示了企业在采用吏部人系统后，如何成功实现管理成本的显著缩减与管理效能的大幅跃升。

案例 1：数字化管理带来的效益提升

深圳某外贸企业成立于 2015 年，主营产品为运动服，主要为品牌提供原始设计制造（Original Design Manufacture，ODM）服务。2022 年团队发展为 53 人，其中销售岗位有 23 人、财务岗位有 6 人、人资岗位有 3 人。

1. 难题分析

该公司内部财务及人力资源部门人员充足，但每逢月末，涉及绩效评估、提成计算以及工资单编制等核心任务的处理周期，却往往超过 5 个工作日，导致人力资源与时间投入显著增加。尽管公司迫切希望通过流程优化实现成本节约与效率提升，至今尚未找到切实可行的解决方案来改善这一问题。

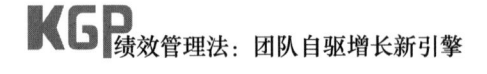

2. 解决方案

企业在引入吏部人系统后，借助专业咨询老师的诊断，决定从以下两个方面解决问题。

首先，该企业提成激励方案颇为复杂，使得订单核算过程中人力成本居高不下。企业引入专业 SaaS 执行顾问及系统的辅助，将其针对公司的现行提成激励制度进行深度优化与升级。核心在于，将原先烦琐且统计周期长的核算模式优化为既具备明确目标导向，又便于统计操作的新提成激励体系。这一措施显著减轻了财务部门在提成计算上的负担，大幅度削减了核算所需的时间成本，实现了提成管理的高效化与精准化。

其次，每月绩效评估过程中，人事部门需要频繁催交员工提交绩效表格，并需要多次与各部门主管核实绩效完成真实性。针对以上这种情况，企业通过接入吏部人的系统，将数据填写回归到绩效当事人、审核人的手上。即员工只需日常按时填写工作日报，待满月后，系统将自动依据已审核的工作内容精确计算绩效奖金。如此一来，直接解决了人事部门在绩效填报催办、金额校验环节耗费大量时间和人力资源的问题，极大地提升了绩效管理的整体效率。

3. 应用价值

吏部人专为中小外贸企业量身打造，提供丰富多样的绩效模板和提成激励模板库，帮助企业从零开始搭建提成激励方案。企业通过吏部人系统，即可轻松搭建符合自身需求的绩效管理体系与提成激励方案。

同时，吏部人智能系统具备强大的自动化数据抓取功能，将员工日常工作完成情况实时统计于系统内，从而将管理者对员工的反复叮嘱与催促巧妙融入机制化流程，实现以规制管人理事、以数据客观衡量工作成果。另外，吏部人系统可智能化地辅助进行奖金核算，确保透明，极大减轻了人工计算的烦琐与误差风险。

4. 最终成效

通过成功接入并运用吏部人系统，企业得益于对绩效考核与提成方案的深度优化，实现了在人力资源配置上的显著精简。具体表现为：原本配置的 1 名专职财务人员与 1 名人资专员得以撤减，直接为企业节省近 20 万元的人力成本支出。这一举措不仅有效控制了运营成本，更彰显了数字化工具在提升企业管理效能、推动降本增效方面的重要价值。

案例 2：一位新晋管理者的咨询感受分享

在这两年的管理实践当中，我们遇到很多问题。新团队对新晋管理者的能力要求是非常高的。我没有太多的经验，每次遇到问题，总喜欢外出学习和走访。每次学习完之后，我就急于将学到的知识和内容运用到团队当中，这导致了公司频繁的变革，员工跟不上变革的步伐。这种毫无章法和缺乏管理壁垒的方式，给企业带来不少混乱和不确定性。

两年前，在一次学习的过程当中，我有幸结识了馨怿老师（吏部人执行顾问）。我深知人力是首席执行官的第一项工程，而这一块也是我非常薄弱的一个板块。不过好在我具备较强的学习能力，如果不能快速突破，那我就会选择在借力的过程中蓄势待发。

2023 年，我带着我的 HR 业务经理，再次拜访馨怿老师，向她请教我们当前的管理难题。当我们把管理问题详细描述后，她对我们提出的问题进行了细致的分析，并给予我们行之有效的解决方案。

在与他们团队沟通之后，我和我们的团队也开了一次会议，决定采用吏部人的系统，和他们的团队进一步合作。说实话，当时我抱